JÜTLAND *kennen und lieben*

JÜTLAND   11
kennen und lieben

Das dänische Festland –
neu entdeckt

VON GERHARD ECKERT

LN-VERLAG LÜBECK

LN-TOURISTIKFÜHRER 11

Umschlagfoto: Hafen von Hvide Sande

Foto neben Titel: Wer in der Nordsee
baden will, muß wissen, wann Ebbe und Flut herrschen

Fotos: Danmarks Turistråd und Samvirkende
Jydske Turistforeninger (23), Jürgen W. Scheutzow (1),
Dr. Kurt Struve (Umschlag)

Kartographie: H. Schultchen, Hamburg

Autor und Verlag danken dem Dänischen Fremdenverkehrsamt in Hamburg für die freundliche Unterstützung
bei der Herausgabe dieses LN-Touristikführers

ISBN 3-87498-247-5

Alle Rechte vorbehalten

© LN-Verlag Lübecker Nachrichten GmbH, Lübeck 1970
5. erweiterte Auflage 1979

Gesamtherstellung: LN-Druck Lübeck
Printed in Germany

Hier finden Sie's

»Wer Jütland nicht erlebt hat...«	**7**
Jütland von A bis Z	**9**

Nicht weit jenseits der Grenze   **30**
Ausflugsziel Jütland · Wo die Volkshochschule begann ·
Links und rechts der Autobahn · Zur Nordseeküste
und drei Inseln · Rømø – Badeinsel und Sprungbrett ·
Dänemarks älteste Stadt: Ribe · Moderne Stadt Esbjerg ·
Fanø – Insel der Dünen und Strände · An die Ostsee
mit dem Kleinen Belt · Insel zwischen Jütland und Fünen:
Als · Im Zuge der Autobahn · Einst hieß es Apenrade ·
Im Bereich des Kleinen Belt · Kolding an der Schwelle
nach Fünen · Sønderjylland bietet noch mehr

Autos fahren an den Strand: Nordseeküste   **65**
Es fängt schon gut an · Ringkøbing und sein Fjord ·
Auf dem Wege zum Limfjord · Zwischen Limfjord
und Jammerbucht · Zauber und Drohung der Jammerbucht ·
Sand, Sand bis Skagen

An Ostseeküste und Kattegat   **86**
Wo ist es schöner? · Auf dem Wege nach Arhus ·
Arhus, Jütlands größte Stadt · Fruchtbare Insel
Samsø · Djursland will erforscht sein · Randers –
Tradition am Fjord · Trip nach Anholt · Viele Wege
führen nach Ålborg · Aalborg, das heißt Aquavit
und vielerlei mehr · Über Frederikshavn nach Skagen ·
Jütlands nördlichste Insel: Laesø

Die überraschende Welt des Limfjords 125
Am Limfjord-Südufer entlang · Der Limfjord und seine
Insel Mors · Von Struer zum Limfjord-Nordufer

Den alten Heerweg entlang und etwas weiter 136
Legoland am Heerweg? · Löwen, Heide und Textil ·
Wälder und Seen um Silkeborg · Auf dem Weg nach Viborg

In Jütland leben – in Jütland reisen 149

Hier finden Sie's wieder 151

»Wer Jütland nicht erlebt hat...«

Wenn ich Ihnen mit diesem Buch den guten Rat gebe, sich in Jütland gründlich umzuschauen und es sich hier wohl sein zu lassen, dann kann ich mich dabei auf einen namhaften Kronzeugen berufen. Viele kennen seinen Namen nur als Märchenerzähler. Er war aber auch ein umsichtiger Reiseschriftsteller, der beispielsweise so kühn war, die Schönheit der Lüneburger Heide zu rühmen, als wenige aufgeschlossee Beobachter ihr noch jeden Reiz absprachen. Hans Christian Andersen, das ist er, hat aber auch in seinem Heimatland Dänemark Umschau gehalten.
»Der Sommer«, so kann man lesen, »rief mich nach Jütland, Dänemarks malerischster Provinz. Das Land ist dicht besiedelt, und der Menschenschlag ist prächtig, und ich habe reiche, schmucke Höfe besucht. Die guten Leute überhäuften mich mit Kuchen, Eingemachtem und Getränken...«
So schrieb also – mehr als hundert Jahre sind seitdem vergangen – Andersen an einen Freund. Das ist eine lange Zeit her. Was hat sich seitdem geändert?
Andersens Worte gelten auch heute noch: Jütland ist Dänemarks malerischste Provinz, und es lebt ein prächtiger Menschenschlag hier, der gern und von Herzen gastlich ist. Freilich: Der Tourist von heute, der nicht wie Andersen auf einen Hof eingeladen ist, muß seine Mahlzeit im Kro oder Hotel bestellen und bezahlen. Reichlich aber ist es allemal. Wer je vor einem dänischen »Anretning« saß, jener fast endlosen Folge von Fischernem, Fleischernem und Käse, die nur mit Unterstützung einer hochprozentigen Magenstärkung zu bewältigen ist, der kann sich auch heute noch vorstellen, wie es dem Märchen-Andersen erging. Reichlich und deftig geht es in Jütland wie eh und je zu!
In einem Punkt freilich muß ich Andersen widersprechen. Mag ihm damals, verglichen mit den dänischen Inseln, das Land »dicht besiedelt« erschienen sein – auf uns wirkt das heutzutage ganz anders. Viel

freies Land liegt zwischen den – noch immer – schmucken Höfen und Städten. Land zum Erholen. Land zum Schauen. Land mit schier endlosen Küsten, die zum Baden wie geschaffen sind.

Wem Jütland vielleicht kein so geläufiger Begriff ist, muß wissen: Jütland ist neben beinahe 500 Inseln Dänemarks stattliche Festlands-Halbinsel. Dieses dänische Festland beginnt an der Nordgrenze der Bundesrepublik, anschließend an Schleswig-Holstein, und reicht rund 400 Kilometer weit nach Norden. Rechts und links davon Meer. Östlich die Ostsee, westlich die Nordsee. Und in ihren Gewässern zusätzlich noch ein paar Inseln, die gleichfalls zu Jütland, dem Festland, gehören.

Aber das sind nun schon Einzelheiten, über die Sie bald allerlei erfahren werden. Just so, wie ich es bei zahlreichen Aufenthalten und vielen tausend Kilometern kreuz und quer durch *Jylland* – so nennen es die Dänen selbst – vorgefunden habe. Und – dafür bin ich sehr dankbar! – wie es mir Freund Ellesøe, der die Samvirkende Jydske Turistforeninger in Aalborg, die jütländische Fremdenverkehrszentrale also, leitet, bei mancherlei Besuchen erklärt und geschildert hat.

Ihm verdanke ich auch die kleine Geschichte, die Ihnen mehr als viele Worte das Wesen Jütlands und seiner Menschen verdeutlicht. Da wurde vor ein paar Jahren in dem jütländischen Heidegebiet Hjerl Hede ein Film gedreht, und dabei blieb es nicht aus, daß einer der Schauspieler aus der Stadt mit einem alteingesessenen Heidebauern ins Gespräch kam. Es müsse, so meinte der Schauspieler, doch langweilig sein, hier in der Einsamkeit zu wohnen und so weit weg. Da schaute der Heidebauer den Schauspieler groß an und sagte nur drei Worte: »Weit weg – wovon?«

Wenn Sie den einfachen und zugleich tiefen Sinn dieser kleinen Geschichte erkennen, dann wissen Sie, was Sie in Jylland erwartet. Die Nähe von Natur und Menschen, die hier enger zusammengehören als in lauten großen Städten und jenen Mittelpunkt bilden, den man nicht erst anderswo suchen muß.

Wenn wir jetzt gemeinsam daran gehen wollen, Jütland neu zu entdecken, dann besinnen wir uns auf ein Wort, das auch von Hans Christian Andersen stammt und mit dem wir uns auf die Reise machen: »Wer Jütland nicht erlebt hat, der kennt Dänemark nicht recht.«

Jütland von A bis Z

Diese grundsätzlichen Hinweise für Ihre Reise sollten Sie unbedingt sorgfältig lesen. Sie entsprechen dem aktuellen Stand bei Drucklegung. Kleine Änderungen können jedoch immer eintreten. Dies gilt insbesondere für die Kursschwankungen der Währungen und die Folgen der Energiekrise. Die wenigen Preisangaben sollen in erster Linie als allgemeine Orientierung dienen.

Akklimatisierung: Wer aus dem Binnenland an die Küsten kommt, wird vom Klima ebenso angeregt wie angestrengt. Es ist ungesund, gleich am ersten Tag (oder gar lange) ins Wasser zu gehen. Ebenso soll das Bräunen in der Sonne in allmählicher Steigerung erfolgen. Sonnenbrand ist kein Urlaubsgenuß. Erfahrene Reisende nehmen sich für die ersten zwei, drei Urlaubstage weniger vor und sind »fauler« als normal, weil es die Akklimatisierung erleichtert.

Allgemeines: Jütland ist der Festlandsteil eines Landes, das im übrigen aus beinahe 500 Inseln (von ihnen etwa 100 ständig bewohnt) besteht. Dänemark insgesamt hat 5 Millionen Einwohner auf 43 000 Quadratkilometern – davon ein Viertel in der Hauptstadt Kopenhagen auf der Insel Seeland. Etwa 40 % der dänischen Bevölkerung – knapp 2 Millionen – leben in Jütland, dessen Bodenfläche zwei Drittel Dänemarks umfaßt. Allein die Insel Seeland (6835 Quadratkilometer) beherbergt mehr Menschen als Jütland und hat die vierfache Bevölkerungsdichte. Auch im Vergleich zur Bundesrepublik weist Jütland nur ein Viertel der deutschen Bevölkerungsdichte auf. Jütland besitzt mit Århus und Ålborg zwei Großstädte sowie vier weitere Städte mit über 50 000 Einwohnern: Esbjerg, Kolding, Horsens und Randers.

Jütland ist ein weithin flaches Land, dessen höchster Berg Ejer Bavnehøj mit 171 Metern ungefähr dem schleswig-holsteinischen Bungsberg (168 Meter) entspricht. Aber erhebliche Teile des Landes sind durch hüglige Moränen lebendig gegliedert. Noch um 1850 bestand ein Drittel des jütländischen Bodens aus Heide, die jedoch durch Bodenkultivierung auf weniger als ein Zehntel ihres Bestands zurückgegangen ist, so daß man bereits – ähnlich wie in der Lüneburger Heide – Heidegebiete unter Landschaftsschutz gestellt hat. Dänemarks größtes Waldgebiet, der Rold Skov, liegt mit 92 Quadratkilometern südlich von Ålborg. Außer den Meeren vor den Küsten gibt es eine ganze Anzahl Seen im Landesinneren. Größtes Binnenwasser ganz Dänemarks ist der Ringkøbing Fjord mit 300 Quadratkilometern, freilich eher ein Strandsee, den nur eine 30 Kilometer lange, schmale Nehrung von der Nordsee trennt. Das gilt etwas weniger vom weit kleineren Stadilfjord und gar nicht vom Mossø, die beide eine Größe von über 1000 Hektar aufweisen.

Längster Fluß – besser: Flüßchen – Jütlands ist die 160 Kilometer lange Gudenå (Å entspricht dem deutschen Wort *Aue* und bezeichnet die Wasserläufe des Landes). Markanteste wässrige Besonderheit Jütlands sind jedoch die tief in die Ostküste einschneidenden Fjorde, die sich von den norwegischen dadurch unterscheiden, daß sie nicht von hohen Bergen eingefaßt sind. Ursprünglich war der Limfjord mit 1700 Quadratkilometern der tiefstreichende Fjord, wurde jedoch 1864 durch eine Sturmflut nach Westen zu aufgerissen, so daß er heute einen Durchfluß zwischen Ost- und Nordsee bildet. (Siehe Seite 125 ff.). Aber die Karte verrät Ihnen, daß auch andere Fjorde, wie der Mariager- und der Randersfjord etwa, 30 bis 40 Kilometer tief ins Festland eindringen, sowie weiter südlich die Flensburger Förde. Kleiner Belt (Lille Belt) heißt der Meeresarm zwischen Jütland und der östlich gelegenen Insel Fünen (Fyn) – es ist jener Belt, der im Deutschland-Lied Erwähnung findet und die alte deutsche Grenze von Nordschleswig kennzeichnet.

Anreise: Für den Autofahrer bildet die Autobahn A 7 = E 3 von Hamburg nach Norden, die seit 1978 bis zur deutschen Grenze und in Dänemark noch ein Stück weiter führt, die wichtigste Verbindung nach Jütland. Durch sie ist die bisherige B 76 (mit dem Übergang Kupfermühle) erheblich entlastet worden. Entfernung Hamburg bis Grenze 159 Kilometer. In Jütland ist die bis hinauf zur Nordspitze von Skagen projektierte Autobahn bisher nur in Teilstücken, u. a. von der Grenze bis Åbenrå und zwischen Skanderborg und Århus fertiggestellt. Die Autobahn führt im Osten Jütlands entlang.

Außer der Autobahn gibt es jedoch weitere Grenzübergänge, von denen der im Zuge der B 5 längs der schleswig-holsteinischen Nordseeküste (»Grüne Küstenstraße«) besonders wichtig ist. Er führt nördlich von Niebüll zum jütländischen Tønder (Tondern). In Verkehrs-Stoßzeiten wird über NDR II im Verkehrsstudio auf die am wenigsten durch Stauungen beeinträchtigten Grenzstraßen hingewiesen.

Die Eisenbahn erreicht von der Bundesrepublik aus Jütland auf zwei Strecken: von Hamburg nach Westjütland über Niebüll und Tønder nach Esbjerg (301 Kilometer) und ebenfalls von Hamburg nach Ostjütland über Flensburg nach Kolding (284 Kilometer), Århus (415 Kilometer), Ålborg (555 Kilometer) und bis Frederikshavn (641 Kilometer). Fahrzeiten ab Hamburg bis Esbjerg knapp sechs, bis Århus fünfeinhalb, bis Ålborg etwas über sieben und bis Frederikshavn achteinhalb Stunden. Flugreisende auf internationalen Strecken müssen über Kopenhagen Anschluß zu den jütländischen Städten Ålborg, Århus (Tirstrup), Viborg (Karup), Haderslev (Skrydenstrup), Esbjerg, Thisted, Ringkøbing (Stauning), Vejle (Billund) und Sønderborg (Insel Als) suchen. Der Flugplatz Billund wird von der dänischen Firma Tjaereborg für Charterflüge auch international genützt. Inhaber von Privatmaschinen können auf folgenden Flugplätzen Jütlands landen: Ålborg, Århus, Esbjerg, Åbenrå, Frederikshavn, Herning, Holstebro, Sønderborg, Samsø, Fanø, Vamdrup bei Kolding, Vejle (Billund), Viborg (Karup), Thisted, Ringkøbing (Stauning), Randers, Skive, Tønder und Søttrup (Års).

Die einzige Schiffsverbindung (außer Ausflugsverkehr) von der Bundesrepublik nach Jütland erfolgt von Flensburg nach Kollund, wenn man von der regelmäßigen Fährverbindung zwischen den Inseln Sylt und Rømø absieht.

Angeln: ist im Meer und in Binnengewässern möglich. Das Angeln im Meer und von den Küsten aus ist grundsätzlich gestattet. Längs der 2000 Kilometer langen jütländischen Küste (ohne Inseln) finden sich: Lachs, Dorsch, Köhler, Hornhecht, Makrele, Steinbutt, Scholle, Flunder, Kliesche, Aal, Hecht, Barsch, Aland und Meerforelle. Wichtige Ausnahme: Innerhalb 300 Meter von einer Flußmündung ins Meer oder einen Fjord ist Angeln verboten. Beim Angeln von Kai, Mole oder Buhnen ist auf etwaige Verbotsschilder *(Fiskeri forbudt)* zu achten. Die Buhnen an der Nordseeküste bei Seegang zu betreten, ist lebensgefährlich!

Von verschiedenen Häfen aus veranstalten Fischerboote Hochsee-Angelfahrten oder nehmen Angler mit an Bord gegen ortsübliche Gebühren (zwischen ca. DM 4,– und DM 20,–), die sich nach Dauer und Strecke richten. Am besten sind die Möglichkeiten für Dorsch. Außer den bereits genannten Fischen sind jedoch z. T. auch Schellfisch, Wittling, Knurrhahn, Lippfisch, Seewolf, Leng und evtl. Haifisch oder Rochen zu finden. Das Angelrecht an Seen und Wasserläufen steht häufig Sportfischervereinen, aber auch privaten Besitzern zu. Die Vereine geben (meist über örtliches Verkehrsbüro) Tages- oder Wochenkarten gegen Gebühr aus. An manchen Seen kann man Boote mit Angelerlaubnis mieten. Freilich gibt es auch Fischwässer, die den Mitgliedern von dänischen Sportfischerverbänden vorbehalten sind. Auskunft bei Danmarks Sportsfiskerforbund, Postbox 194, DK 7100 Vejle. Beliebteste Süßwasserfische sind Forellen, gelegentlich Lachs und in Seen Hecht, Barsch, Zander, Aal. Bekannt als gute Fischwässer sind Gudenå, Karupå, Storå, Skjern Å und Varde Å und die Seen in der Umgebung von Silkeborg, Skanderborg und Jels. Hier und da haben die Verkehrsbüros eigene Prospekte für Angelliebhaber.

Appartements: In den letzten Jahren hat das Angebot an Ferienzentren mit Appartements zugenommen. Anders als in der Bundesrepublik haben sie keine Hochhäuser und weniger als 1000 Betten, meist erheblich weniger. Kochnischen ermöglichen es, selbst zu kochen, aber überall sind auch Restaurants bzw. Cafeterias vorhanden. Die beiden größten Ferienzentren sind das Ferienhotel Nordsøen in Blokhus und das Ferienhotel Vesterhavet auf der Insel Fanø, beide an der Nordsee. Außerdem gibt es an der Nordseeküste Jütlands Appartements in Hennestrand, Søndervig, bei Lemvig, in Agger, Tranum Strand, Løkken, Hirtshals und Gammel Skagen, an der Ostseeküste in Bønnerup, Kolding und Stouby.

Ärztliche Betreuung: Der nächste Arzt oder Zahnarzt kann jederzeit in Anspruch genommen werden, ebenso ein Krankenhaus. Das ist kostenlos, sofern Sie plötzlich erkrankt sind oder ein chronisches Leiden eine plötzliche, unerwartete Verschlimmerung erfährt. Arztkosten sind zwar sofort zu bezahlen, werden jedoch vom Gemeinde- oder Krankenversicherungsbüro erstattet. Dafür benötigen Sie das EG-Formular E-111, das Ihnen Ihre Krankenkasse auf Anforderung zustellt. Falls Sie keine staatliche Krankenversicherung haben, sollten Sie eine Unterlage Ihrer privaten Versicherung bei sich haben oder eine Reise-Krankenversicherung abschließen. Sie erhalten die von Ihnen benötigten Medikamente nicht mit Sicherheit in Dänemark, daher nehmen Sie den notwendigen Vorrat mit. Wie für jede Reise ist eine kleine Reiseapotheke mit den Mitteln für die häufigsten Zwischenfälle – Kopfschmerzen, Sonnenbrand, Magenverstimmung, Durchfall, Verstopfung, Erkältung – nützlich.

Auskunft: Bundesrepublik: Dänisches Fremdenverkehrsamt, Glokkengießerwall 2, 2000 Hamburg 1, Telefon (040) 32 78 03. Telex 2 15 194 dkd. In der Schweiz: Verkehrsbüro für Dänemark und Island, CH-8001 Zürich, Münsterhof 14, Telefon (01) 1 23 88 23. In Österreich: Fremdenverkehrsvertretung für Dänemark c/o Kongreßbetriebe der Stadt Salzburg, Auerspergstraße 7, 5020 Salzburg, Telefon (00 43) 62 22-7 35 33. In Jütland: Samvirkende Jydske Turistforeninger, Svalegården, Hasseris, DK 9000 Ålborg, Telefon (0 04 58) 13 81 22.

Für lokale Anfragen – schriftlich oder mündlich – kommen örtliche Auskunftsstellen, meist durch das bekannte »i« gekennzeichnet, als Vertretungen der Touristenvereine *(Turistforeninger)* in Frage. Mit »i« gekennzeichnete Touristenbüros gibt es in folgenden Städten bzw. Orten: Blokhus, Esbjerg-Fanø, Fredericia, Frederikshavn, Grenå, Grindsted, Haderslev, Hals, Herning, Hobro, Holstebro, Horsens, Jels-Rødding, Kolding, Lemvig, Løkken, Lønstrup, Morsø (Nykøbing), Nordborg (Insel Als), Randers, Ribe, Rømø-Skaerbaek, Silkeborg, Skive, Skjern, Struer, Hurup/Thy, Sønderborg, Thisted, Tønder, Ulfborg-Vemb, Varde, Vejle, Viborg, Åbenrå, Ålborg, Århus. Darüber hinaus gibt es weitere Verkehrsbüros, die allerdings außerhalb der sommerlichen Hochsaison nur begrenzte Öffnungszeiten haben oder geschlossen sind.

Für Ihre Reise-Information können Sie sich vom Dänischen Fremdenverkehrsamt in Hamburg verschiedene gedruckte Schriften zusenden lassen.

Dazu gehören ein Reiseführer »Sei froh in Dänemark«, der außer Jütland auch andere Teile des Landes behandelt, Reiseinformationen und Autokarte, Hotelverzeichnis, Autofähren, Verzeichnis aller Campingplätze und Jugendherbergen, alle jedes Jahr neu.

Auto: Die früher für Skandinavien benötigte grüne Versicherungskarte ist nicht mehr erforderlich, jedoch nationaler Führerschein, Kfz-Schein und ein D-Schild am Wagen. Es besteht Gurtpflicht, Warndreieck mitnehmen. Ratsam ist (wie bei allen Auslandsreisen) eine befristete Vollkasko-Versicherung sowie der Auslandsschutzbrief eines Automobil-Clubs.

Autovermietung: Die bekannten Autoverleihfirmen haben auch in Jütland, insbesondere in Städten wie Århus, Ålborg, Esbjerg und Frederikshavn, ihre Vertretungen. Bedingungen und Preise ähneln denen in der Bundesrepublik. Gegebenenfalls können Sie beim nächsten Touristbüro Auskunft erhalten.

Baden: Für einen sommerlichen Badeurlaub ist Jütland mit seinen beiden Küsten an Nord- und Ostsee besonders geeignet. Allerdings gibt es Seebäder nach deutscher Art mit Strandpromenade, Haus des Kurgastes, Lesesaal, Kurmittelhaus, Kurkonzert und dgl. nicht. Dafür müssen Sie auch keine Kurtaxe bezahlen. Jütlands Badeorte sind keine Luxus- oder Heilbäder, sondern schlichte Strandorte zum unbeschwert-fröhlichen Baden, die fast überall einen Naturstrand (ohne regelmäßige Strandreinigung und dgl.) aufweisen. Weder Strandkörbe noch Strandburgen sind üblich, letztere sogar unerwünscht. Eine Besonderheit sind die Strände (auf Fanø, Rømø, bei Løkken und Blokhus usw.), auf die man mit dem Wagen bis dicht ans Wasser (20 Meter) fahren kann, um ihn als Umkleidekabine zu benutzen. Außer den insbesondere an der Nordsee breiten Stränden mit feinem Sand stehen auch die (manchmal umfangreichen) Dünen gewöhnlich als Liegemöglichkeit zur Verfügung. Beim Baden sollte man jederzeit gebührende Vorsicht walten lassen und die örtlichen Hinweise, besonders an der Nordsee mit ihrer starken Brandung, beachten. Ein DLRG-Rettungsdienst, wie er an deutschen Stränden Vorschrift ist, besteht nicht; jedoch werden zunehmend Rettungseinrichtungen oder Rettungstelefone angelegt, deren Möglichkeiten jedoch begrenzt sind. Leichtsinn kann tödlich sein! Vor allem sind die Strände – manchmal sogar in der Hochsaison – nicht immer so dicht bevölkert, daß andere Badegäste von Ihnen Notiz nehmen. Außerhalb der dänischen Ferienzeit (zweite Junihälfte bis erste Augusthälfte) sind viele Strände beinahe leer, was für leidvolle Besucher übervölkerter deutscher Strände sehr sympathisch sein kann. Dennoch sollte man sich an der Nordseeküste unbedingt an folgende Grundsätze halten: niemals allein baden, sondern immer (mindestens) zu zweit; längs der Küste und nicht kühn hinausschwimmen; bei Landwind, der aufs Meer hinaustreibt, nicht mit Gummimatratzen oder Gummitieren herumspielen. Doppelte Vorsicht ist bei Sturm und starker Brandung erforderlich, und auch auf Ebbe und Flut muß Rücksicht genommen werden. Bei Sturm kann auch die Ostseeküste gefährlich werden.

Banken: Die in allen Städten und auch größeren Dörfern vorhandenen Banken sind an Werktagen von 9 oder 10 bis 15 Uhr, am Freitagnachmittag (meist) bis 18 Uhr geöffnet und am Samstag und Sonntag geschlossen. Geldwechsel ist bei Banken günstiger als bei Wechselstellen an der Grenze. Reiseschecks und Eurocheques werden eingelöst, allerdings wird je Scheck eine Gebühr erhoben.

Bauernhofferien: Zwar ist das Angebot an Bauernhöfen, die Gäste aufnehmen, begrenzt, aber für Familien mit Kindern kann das eine sehr reizvolle Sache sein. Die Preise sind mäßig (1979 Vollpension in der Hochsaison ca. DM 27,–), und das Leben ist ungezwungen und naturnah. Allerdings liegen ausgesprochene Ferieneinrichtungen oder Strände gewöhnlich ein Stück entfernt. Ein Plus ist der Umgang mit den bäuerlichen Quartiergebern, der oft sehr herzlich ist: Familienanschluß und Vollpension sind üblich. Lassen Sie sich von Jylland Tours (Svalegården, Hasseris, DK 9000 Aalborg) beraten. Auch hier muß für die Ferienzeit sehr früh gebucht werden, während bis Mitte Juni und in der zweiten Augusthälfte weniger Schwierigkeiten bestehen.

Benzin: Benzin ist erheblich teurer als in der Bundesrepublik, während Dieselkraftstoff erheblich günstiger als in Deutschland angeboten wird. Es gibt Tankstellen mit Bedienung und für Selbstbedienung. Gewöhnlich werden drei Qualitäten von Kraftstoff angeboten, die mit den Oktanzahlen 93, 97 und 99 gekennzeichnet sind. 99 Oktan entsprechen unserem Super. Achten Sie auf die Hinweise an den Tankstellen: *åben* heißt offen, *lukket* heißt geschlossen. Der günstige Ölpreis läßt es empfehlenswert erscheinen, einen fälligen Ölwechsel in Jütland vornehmen zu lassen.

Boote: Wer nicht mit eigenem Boot (vom Kanu bis zur Segeljacht) nach Jütland fährt, kann eines mieten. Allerdings ist Vorbestellung, insbesondere in der Hauptferienzeit, erforderlich und nützlich. Schon in der Bundesrepublik können ein Segelboot oder Motorboot gemietet werden. Die Preise für Segeljachten oder Motorboote hängen von der Größe ab: je Woche ab ca. DM 600,- bis DM 3000,- oder mehr. Kanus für einen geruhsamen Trip auf einer Å (Au) sind weit billiger. Sie stehen u. a. an Gudenå, Karup Å und Skjern Å zur Verfügung.

Busverkehr: Das Busnetz, das sich über ganz Jütland erstreckt, ist so dicht, daß Sie praktisch überall eine

Omnibusverbindung finden. Fahrpläne erhalten Sie über die örtlichen Turistbüros. Reiseunternehmer aus Norddeutschland führen organisierte Busreisen nach Jütland durch. Fragen Sie bei Neubauer Reisen, Große Straße 2, 2390 Flensburg, oder Glückskäfer-Reisen, Fleethörn 1–7, 2300 Kiel.

Camping: Für Camping, ob mit Zelt oder Caravan, ist Jütland ideal. Allerdings müssen Sie einen der rund 300 Campingplätze benutzen, die vom Dänischen Camping-Ausschuß überprüft worden sind. Die Plätze sind durch Sterne nach Kategorien geordnet: Ein Stern kennzeichnet das Mindestmaß an sanitären Einrichten und Komfort, zwei Sterne stehen für Plätze mit Duschen, Rasiersteckdose, Waschmöglichkeiten für kleine Wäsche, Windschutz und Einkaufsmöglichkeiten in höchstens 2 Kilometer Entfernung. Drei Sterne charakterisieren die in bezug auf Komfort und Hygiene besten Plätze. Alljährlich erscheint ein Buch des Dänischen Camping-Ausschuß mit einer Übersicht über alle Plätze ganz Dänemarks mit Landkarten und Sehenswürdigkeiten. Es ist bei Einsendung von DM 12,- (Stand 1979) zu erhalten von: Det Danske Lejrpladsudvalg, Kjeld Langesgade 14, DK 1367 Kopenhagen K. Der internationale Campingpaß erlaubt den Zugang zu den Campingplätzen des Dänischen Automobilclubs FDM. Sonst erhält der Camper bei seinem ersten jütländischen Campingaufenthalt einen »Lagerpaß« (für DM 4,50), der ganzjährig für den Inhaber und seine Familie gilt. Die Mehrzahl der Campingplätze ist nur während der Zeit zwischen 1. Mai und 31. August geöffnet. Es gibt aber auch eine begrenzte Zahl ganzjährig offener Plätze. Die Preise sind nicht einheitlich. Sie richten sich nach dem jeweiligen Standard. Man muß je Tag mit DM 3,- bis 4,- für Erwachsene und der Hälfte für Kinder rechnen. Teilweise wird auch nach Auto oder Zelt bzw. Caravan berechnet. Für Campingfreunde ohne Zelt oder Caravan befinden sich auf etwa einem Drittel der Campingplätze feste, aber einfache Hütten, die jedoch für den Sommer zeitig im voraus reserviert werden müssen. Achten Sie, falls Sie ohne Campingplatz-Verzeichnis unterwegs sind, auf den Hinweis »Godkendt Lejrplads«, was »Anerkannter Campingplatz« bedeutet. An Stränden darf zwar teilweise tagsüber ein Zelt aufgeschlagen werden, es ist aber nachts zu entfernen, so daß »wildes« Zelten am Strand nicht möglich ist.

Folgende Campingplätze haben eigene, zum Teil beheizte (b) Schwimmbecken: Tønder (b), Ølgod bei Ribe (b), Lyne bei Ringkøbing (b), Mejdal bei Holstebro (b), Kruså (b), Randbøldal bei Vejle, Farup Sø bei Jelling, Hanstholm, Bygholm bei Thisted (b), Koldby-Snedsted (b), Vinderup (b), Vilsund (b), Århus Nord (b), Hinnerup-Hår (b), Ebeltoft-Mols (b), Lina bei Silkeborg (b), Ry bei Skanderborg (b), Funder bei Silkeborg (b), Resenbro bei Silkeborg (b), Hjarbaek (b), Tjele-Langsø (b), Trust bei Fårvang (b), Nibe (b), Aså,

Saltum (b), Fjerritslev (b), Rebild-Skørping (b), Stistrup Farsø (b), Havneby/Rømø (b). 18 Campingplätze besitzen Einrichtungen, die Körperbehinderten im Rollstuhl die Benutzung ermöglichen.

Dänen: Die Jütländer sind Dänen. Der südliche Teil Jütlands, Nordschleswig von der heutigen Grenze bis nördlich von Haderslev, hat zwischen 1864 und 1920 zu Deutschland (Preußen) gehört und ist durch eine Volksabstimmung nach dem ersten Weltkrieg wieder an Dänemark gefallen. Zu beiden Seiten der Grenze gibt es kleine Minderheiten: eine dänische in Schleswig-Holstein, eine deutsche von etwa 30 000 Menschen in Dänemark. Beide Gruppen haben kulturelle Autonomie, so daß es hier zwischen Dänen und Deutschen keinerlei Reibungspunkte mehr gibt. Man lebt gutnachbarlich diesseits und jenseits der Grenze zusammen. Daher spielt es auch keine Rolle, ob Sie bei einigen Ortschaften die dänischen oder deutschen Ortsnamen benutzen. Ich habe hier meist die dänische Fassung angegeben, weil es für Sie als Autofahrer nützlich ist, den richtigen Ort ohne langes Nachdenken zu finden. Denn – immerhin – unter Åbenrå wird nicht jeder sofort Apenrade vermuten, unter Gråsten nicht Gravenstein, während Sønderborg statt Sonderburg, Tønder statt Tondern keinerlei Probleme bereiten. Gelegentlich machen Traditionalisten daraus eine Art Weltanschauung. Ich halte solche Haarspalterei für recht überflüssig.

Die Dänen tragen – wie ja auch die Norddeutschen – ihr Herz nicht auf der Zunge. Sie sind trotz einer spontanen Gastfreundschaft eher verschlossen und zurückhaltend. Aber ist man erst einmal ins Gespräch gekommen (vielleicht von ein wenig Alkohol beflügelt), kann man sich bald gut mit ihnen verstehen. Wer Wert auf Fühlung mit Dänen legt, kann über örtliche Touristikbüros die gewünschten Kontakte unter Berücksichtigung von Alter, Beruf, Interessen ohne weiteres erhalten. Begegnung mit Dänen ist ein Stück guter europäischer Praxis. Dennoch sollten Sie zurückhaltend sein, beispielsweise mit Fahnen. Die Dänen flaggen sehr gern und häufig, besonders an Sonntagen, aber in ihrem Land wollen sie nur ihre eigenen Farben sehen. Das gilt nicht allein uns. Aber gerade wir Deutschen sollten, ohne uns zu verstecken, gelegentlich daran denken, daß die Jahre der deutschen Besatzung zwischen 1940 und 1945 hier und da noch nicht ganz vergessen sind – man wird das verstehen müssen, auch wenn es vielfach eine ganz andere, an der Vergangenheit unbeteiligte Generation ist, die nach Dänemark kommt. Ich bin jedenfalls bei all meinen Reisen durch Jütland nie auf Vorurteile auf Grund der geschichtlichen Ereignisse gestoßen.

Einkauf: Die allgemeine Preissituation macht einen besonders sparsamen Einkauf recht unwahrscheinlich. Jedoch verlockt die geschmackliche Qualität verschiedener Waren dennoch dazu. Das gilt zunächst für den

Bereich des Kunstgewerbes, bei dem Keramikerzeugnisse, Textilien und Glaswaren bis hin zu Kleinmöbeln genannt werden müssen. Für Kinder kauft man Spielzeug aus Legosteinen. Zu den größeren Textileinkäufen zählen Teppiche, zu den kleineren Sets. Beliebte Kleinigkeiten sind die dänischen Spezialteller (Weihnachten, Muttertag usw.) oder Kerzen. In Schmuckgeschäften findet man Erzeugnisse mit Bernstein oder aus Silber. Lohnend ist immer ein Blick in Boutiquen und in Antiquitätengeschäfte. Neben Waren dänischer Herkunft sind auch vielerlei schwedische Erzeugnisse (etwa aus Glas) und fernöstliche Einfuhren zu finden. Wer keinen Wert auf ein langlebiges Souvenir legt, tut gut daran, sich auf Nahrhaftes zu konzentrieren: Käse, Räucherlachs, Kopenhagener (Wienerbrød), Kransekage (marzipanähnlich), Honigkuchen (Christiansfeld), Frühstücksspeck (Bacon), Wurst, Fischkonserven, Leberpastete. Die beliebten Getränke Aquavit (aus Aalborg) oder »Peter Heering« sind ziemlich teuer, günstiger ist Bier (Tuborg) oder likörartiger Kirsebaervin (Kirschwein).

Geschäfte in Jütland öffnen unterschiedlich, aber meist nicht allzu früh. Ab 8 oder 9 Uhr beginnt die Geschäftszeit und dauert bis gegen 17.30 Uhr und nur am Freitag bis 19 oder 20 Uhr. Samstags ist meist bis 12 oder 13 Uhr geöffnet. In ausgesprochenen Urlaubsorten an den Küsten werden die Öffnungszeiten großzügiger gehandhabt. Bemerkenswert ist, daß verschiedene Geschäfte – wie Bäcker (bei denen man auch Lebensmittel und Zeitungen erhält) und Blumenhändler – auch am Samstagnachmittag und insbesondere am Sonntagvormittag verkaufen.

Ein- und Ausreisebestimmungen:

Außer mit Reisepaß können Sie auch mit dem Bundespersonalausweis (auf Gültigkeit achten!) nach Jütland reisen. Wichtig sind die Bestimmungen für Kinder: Falls sie nicht im Reisepaß eingetragen sind, brauchen sie einen Kinderausweis, der ab 10. Lebensjahr mit Foto versehen sein muß. Ab 16 Jahren ist ein Bundespersonalausweis oder Paß notwendig. Paß- und Zollkontrolle findet an der Grenze statt.

Fährschiffe: Jütland ist Ausgangspunkt zahlreicher Fährschiffe. Einmal zu den zu Jütland gehörigen Inseln Fanø, Laesø, Samsø. Zum anderen zu sonstigen dänischen Inseln wie Seeland, Aerø, Fünen. Außerdem verkehren von Jütland aus Fährschiffe nach Norwegen, Schweden und Großbritannien. Insbesondere für die Benutzer der Fähren über den Skagerrak nach Norwegen, die von Hirtshals und Frederikshavn ausgehen, bedeutet Jütland auf dem Weg zu ihrem Fährhafen nur ein Durchgangsland. Die Fährlinien werden meist von privaten Reedereien betrieben, die zur Insel Samsø jedoch von den Dänischen Staatsbahnen (sie führt zur Insel Seeland weiter). Denken Sie daran, daß Sie für den Besuch der jütländischen Inseln Samsø und Laesø im Sommer rechtzeitig vorher einen Wagenplatz reservieren lassen müssen, während das Fährschiff nach Fanø häufig genug verkehrt, obwohl auch da Wartezeiten bei Stoßverkehr nicht zu vermeiden sind. Lassen Sie sich Fahrpläne und Preise für die von Ihnen benötigte Linie vom Dänischen Fremdenverkehrsamt mitteilen.

Feiertage: Sie unterscheiden sich kaum von den deutschen. Jedoch wird der Bußtag nicht im Herbst, sondern am vierten Freitag nach Ostern begangen. Der dänische Verfassungstag des 5. Juni gilt ab 12 Uhr als Feiertag. Abendliche Feuer brennen am 23. Juni zum St.-Hans-Abend.

Ferien: Versuchen Sie, Ihre Jütland-Reise nach Möglichkeit nicht in die Zeit der dänischen Schulferien zu legen. Sie beginnen in der zweiten Junihälfte und dauern bis ca. 10. August. Dabei sind die beiden mittleren Juliwochen besonders ungünstig, weil in ihnen die sogenannten Industrieferien liegen und die Zahl der ausschwärmenden Dänen besonders groß ist. Wer es irgend kann, sollte sich daher einen Reisetermin ab August oder um Mitte Juni herum aussuchen. Siehe auch: Reisezeit.

Ferienhäuser: Jütland steckt voller Ferienhäuser, insbesondere nahe den Stränden. Viele von ihnen werden auch vermietet. Aber die Nachfrage ist so groß, daß kluge Urlauber bereits ein Jahr vorher oder (spätestens) im Winter die Reservierung vornehmen. Selbstverständlich stehen außerhalb der Ferien mehr solche Angebote zur Verfügung, da die Dänen selbst ihre Ferienhäuser oft in der Hauptreisezeit benötigen. Wer ein Ferienhaus mietet, ohne es vorher gesehen zu haben, sollte sich – möglichst mit Foto – über Größe, Komfort, Zubehör und nicht zuletzt über den Zustand des nahen Strandes informieren. Für Dänen ist nämlich auch ein steiniger oder mit Tang bestückter Strand kein Hindernis, um dort eine Ferienhauskolonie anzulegen, während deutsche Gäste mehr Wert auf Sandstrand und bequemes Baden legen. Allerdings verraten Ihnen Kenner, daß der Steingürtel bzw. die Tangstrecke oft nur wenige Meter umfassen.

Die größten Vermittler für Ferienhäuser in der Bundesrepublik sind Dancenter, Spitalerstraße 16, 2000 Hamburg 1, sowie die Dan-Inform KG, Schleswiger Straße 69, 2390 Flensburg, und Nord Reisen, Löwenstraße 4, 2370 Rendsburg. Jedoch bieten auch zahlreiche Reiseveranstalter wie Wolters Reisen, Scharnow Reisen, Hummel-Reisen, ITS Kaufhof, Hertie, Glückstours, NUR, ADAC-Reise und Dr. Wulf's Ferienhausdienst jütländische Ferienhäuser an. In Dänemark kommen folgende Stellen in Frage, wobei die Lage des jeweiligen Büros auch etwas über das Gebiet aussagt, in dem seine Ferienhäuser vorzugsweise gelegen sind. Hier können Sie also ziemlich gezielt Ferienhäuser erfragen:

Jylland Tours, Svalegården, Hasseris,
  DK 9000 Ålborg

Blåvand Sommerhusudlejning Aps, DK 6875 Blåvand

Danmarks Sommerhus Udlejning, Strandbystrøget 13, DK 6700 Esbjerg

Holmsland Klit Sommerhusudlejning, Søndervig, DK 6950 Ringkøbing

Jydsk Sommerhusudelejning/Dansommer, Åboulevarden 51, DK 8000 Århus C

K. Lauritsen, Ferieboligudlejning, Vesterhavsgade 122, Nørre Vorrupør, DK 7700 Thisted

Udlejningsbureauet „Limfjorden", Kirkegade 5, DK 7600 Struer

Paul Markvardsen, Selbjerg 22, Hoptrup DK 6100 Haderslev

Büro Mols, Dråby Bygade 10, Dråby, DK 8400 Ebeltoft

Nordjysk Sommerhus Udlejning, Kirkebakken 11, DK 9270 Klarup

Nordsø Ferieland A/S, Kirkebyvej, Gjellerup, DK 7400 Herning.

Bei Anfragen in Jütland ist es ratsam, als Entgelt für Porto ein oder zwei internationale Antwortscheine beizulegen.

Ferngespräche: siehe Telefon

FKK: Die Einstellung gegenüber FKK hat sich in Jütland (und ganz Dänemark) im Lauf des letzten Jahrzehnts erheblich gewandelt. Zwar – gesetzlich erlaubt ist es nicht unbedingt. Aber an zahlreichen Stränden kann man Nackte (oder wenigstens Damen »oben ohne«) sehen. Häufig liegen und laufen Badegäste mit und ohne Badekleidung bunt durcheinander. Manchmal haben sich kleine Kolonien der einen oder anderen Kategorie gebildet. Gelegentlich sind Strände ausdrücklich für die eine oder andere Kategorie vorgesehen. Dank der Weiträumigkeit der jütländischen Strände braucht sich niemand geniert zu fühlen. Jedoch ist Rücksichtnahme ratsam, und niemand sollte sich splitternackt zur Schau stellen, wenn umliegende Strandbenutzer das offensichtlich mißbilligen. Darüber hinaus gibt es folgende Strände, die als FKK-Strände gekennzeichnet sind und Nacktbaden gestatten:

An der Ostsee:
Trelde Naes bei Fredericia
Kysing Strand, 20 km südl. von Århus

An der Nordsee:
Skagen Strand, Skagen
Houstrup Strand bei Henne
Sønder Strand, Rømø
Lyngby Mølle Strand, Løkken
Søren Jessens Sand, Fanø
Jammerbucht, Fjerritslev

Fußgängerstraßen: Es gibt sie in den Innenbezirken mit den wichtigsten Geschäften der meisten größeren Städte.

Garderobe: In dänischen Gaststätten geht es, insbesondere im Sommer, so zwanglos zu, daß Sie dafür keine besonderen Kleidungsstücke vorsehen müssen. Vorherrschend ist Freizeit-Garderobe, wobei allerdings ein warmer Pullover und ein Regenmantel bzw. Schirm nicht fehlen sollten, um auch für Wetterkapriolen gerüstet zu sein.

Geld: Die dänische Währung besteht aus Kronen und Öre. 1 Krone = 100 Öre. Im Umlauf sind Münzen von 5, 10 und 25 Öre (letztere mit einem Loch in der Mitte), 1 und 5 Kronen sowie Banknoten von 10, 50, 100, 500, 1000 Kronen. Nach dem Stand von Frühjahr 1979 entspricht 1 Krone 0,36 DM bzw. 1 DM = 2,78 DKr.

Getränke: Kaffee wird in Jütland zum Frühstück und nach dem Essen, insbesondere am Abend, getrunken. Daher erhält man überall guten Kaffee reichlich. Statt der in Deutschland üblichen Tasse wird eine Kanne mit 2–3 Tassen Inhalt je Person serviert. In Cafeterias, wo es Tassen gibt, ist gelegentlich die erste Tasse etwas teurer als die folgenden. Zum Essen wird gern Bier (die Marke Tuborg ist international bekannt), das auf Dänisch „Øl" heißt, getrunken. Bei festlicheren Mahlzeiten Wein, vorzugsweise Rotwein, der aber relativ teuer ist. Zu deftigen Mahlzeiten (und bei sonstigen Anlässen) trinkt der Däne gern einen Aquavit, der wegen des wichtigsten Herstellungsortes auch Aalborger heißt – berühmt ist der Jubiläums-Aquavit, der eiskalt getrunken und meist am Tisch eingegossen oder „à discrétion" hingestellt wird. Selbstverständlich erhält man auch internationale Spirituosen (nicht ganz billig), Tee oder Milch und verschiedene Mineralwässer, wobei das schwedische „Ramlösa" besonders häufig ist, sowie internationale Cola- oder Fruchtgetränke. Die Sitte, am Nachmittag Kaffee zu trinken, ist wenig verbreitet, so daß es auch die bei uns üblichen Cafés und Konditoreien nur ausnahmsweise gibt. Näheres siehe unter Restaurants.

Golf: Das überwiegend flache Land eignet sich gut zur Anlage von Golfplätzen. Es gibt sie in Ålborg, Århus, Esbjerg, Tinglev, Åbenrå, Skjern, Holstebro, Kolding, Brønderslev, Skagen, Vejle, Randers, Ebeltoft, Silkeborg, Herning und auf der Insel Fanø.

Hotels: Wer in Jütland im Hotel wohnen will, hat dazu sowohl in den Städten wie in einigen Urlaubsorten Gelegenheit. Es gibt ein paar ausgezeichnete Spitzenhotels wie die unter dem Namen von „Hvide Hus". Verbreiteter ist freilich als Unterkunft (wie zum Essen, siehe Restaurants) der Kro (deutsch: Krug), ein bodenständiges Gasthaus, das im Lauf der Zeit ständig modernisiert wurde und manchmal auch als Motel zugeschnitten ist. Ob Hotel oder Kro: Für die Zeit der Ferien oder Feiertage ist Vorbestellung ratsam. Eine Auswahl zahlreicher Hotels findet sich im offiziellen Hotelführer, der alljährlich neu herauskommt und Bettenzahl, Preise usw. enthält. Er kann über das Dänische Fremdenverkehrsamt bezogen werden. Trotz des Namens sind in ihm auch die Kros, Motels und Pensionen enthalten, so daß Sie einen guten, wenn auch nicht vollständigen Überblick erhalten. Ausgesprochene Luxushotels sind selten. Auf dem Land sind Zimmer mit Bad/Dusche und WC nur gelegentlich zu finden. Insgesamt sind jedoch die Unterkünfte sauber und gemütlich. Als besonderes Angebot mit Pauschalpreis gibt es Kro-Ferien (siehe unter diesem Stichwort). Die Übernachtungspreise liegen ungefähr auf einer ähnlichen Stufe wie in der Bundesrepublik. Sie regeln sich durch Ort, Lage, Komfort, Jahreszeit. Der Zimmerpreis schließt häufig das Frühstück ein. Je nach Neigung kann man natürlich auch Halb- oder Vollpension buchen, die gewöhnlich außerordentlich reichlich bemessen sind.

Hunde: Wer seinen Hund mit in Urlaub nehmen will, braucht für ihn ein tierärztliches Attest. Das Formular, das der Tierarzt ausfüllen muß, ist durch die dänische Botschaft, ein dänisches Konsulat oder das Dänische Fremdenverkehrsamt (siehe Auskunft) zu erhalten. Das Attest muß bescheinigen, daß Ihr Hund mindestens ein und höchstens 12 Monate vor der Einreise gegen Tollwut geimpft worden ist. Denken Sie also mindestens sechs Wochen vor Ihrem Urlaubsbeginn an diese Impfung!

Jugendherbergen: Sie heißen »Ungdoms Herberg« oder »Vandrerhjem« und stehen nicht nur Jugendlichen zur Verfügung. Wer dem »Deutschen Jugendherbergswerk« angehört, kann in ihnen allein oder mit der ganzen Familie wohnen. Über Jütland verteilt gibt es rund 50 solcher Herbergen, die in dänischer Qualität ordentlich eingerichtet sind. Viele besitzen spezielle Familienräume für Eltern mit Kindern von vier bis 15 Jahren. Essen wird serviert oder kann selbst gekocht werden. Mitzubringen sind jedoch ein Leinenschlafsack oder zwei Laken. Am besten lassen Sie sich vom Dänischen Fremdenverkehrsamt oder Deutschen Jugendherbergswerk ein Verzeichnis aller dänischen Herbergen schicken, das auch die zur Zeit gültigen Preise enthält. Allerdings sind die Jugendherbergen in der Zeit der dänischen Ferien stark beansprucht.

Kinder: Jütland ist ausgesprochen kinderfreundlich. Familien mit Kindern sind hier hervorragend aufgehoben, ob man nun auf dem Campingplatz, Bauernhof, im Appartement, Kro oder in der Jugendherberge wohnt. Im Hotel oder Kro gibt es meist ein gemeinsames Zimmer für Eltern und Kinder, das preisgünstig ist. Ermäßigungen oder Sonderbons für Kinder, Kindermenüs und Einrichtungen für Kinder sind allgemein üblich. Dabei sind Klima und Badestrände die beste Voraussetzung für einen gesunden Kinderurlaub. Wer mit Kindern reisen will, sollte sich vom Dänischen Fremdenverkehrsamt den Prospekt »HEI«, der sich an Kinder wendet, kommen lassen. Er enthält zugleich 40 Freicoupons für Familien-Ausflugsziele.

Klima: Mit Ausnahme des Landesinneren von Mitteljütland wird die Halbinsel klimatisch vom Meer bestimmt, so daß es dank der warmen Meeresströmungen meist milder ist, als man angesichts des Breitengrads vermuten könnte. In Jütland regnet es etwas mehr – insbesondere an der Westküste – als auf den dänischen Inseln. Als wärmster Monat gilt – wie an der deutschen Küste – der Juli. Der etwas zögernd einsetzende Frühling wird durch einen langen ruhigen Herbst ausgeglichen. Im Meer gebadet werden kann gewöhnlich bis Mitte oder sogar Ende September.

Die Zahl der monatlichen Sonnenstunden liegt an der Westküste (Nordsee) von Mai bis August über 200, Höhepunkt im Juni bei etwa 250. An der Ostseeküste noch etwas günstiger. Tage mit Regen (ab 0,1

mm) sind im Mai am geringsten, ähnlich im April und Juni. Dagegen nehmen sie ab Juli leicht zu. Im August und September weist jeder zweite Tag gelegentlich etwas Regen auf. Am regenärmsten sind die Inseln.

Kro-Ferien: Schon vor zehn Jahren hat Jütland die (später auch in anderen Teilen Dänemarks übernommenen) Kro-Ferien eingeführt. Sie vereinigen ein Netz von annähernd 40 jütländischen Kros, die sich über das ganze Land erstrecken. Sie können dabei entweder mit Gutscheinen zum Pauschalpreis Übernachtung und Frühstück erhalten oder auch durch einen Essensbon nach Belieben in »Ihrem« oder einem anderen Kro essen. Bei Kros, die keine Zimmer mit Dusche/WC haben, zahlt man Ihnen sogar noch etwas auf Ihren Gutschein heraus. Die ausgewählten Kros zeichnen sich durch Preiswürdigkeit, Eigenart und gutes Essen aus. Spezielle Auskunft bei der zentralen Organisation: Jysk Kro-Ferie, Horsens Turistforening, Kongensgade 25, DK 8700 Horsens. Telefon (05) 62 31 32.

Küche: Die jütländische (wie die ganze dänische) Küche zeichnet sich durch Solidität aus. Wer nicht gerade eine der in Jütland ganz seltenen internationalen Küchen erwischt, findet relativ kleine Speisekarten und ziemlich gleichartige Gerichte. Spitzenleistung jedes Restaurants ist seine »Anretning« (wörtlich »Anrichtung«), die es in mehreren Preisstufen und verschiedener Reichhaltigkeit gibt und die Sie während Ihres Jütland-Aufenthalts unbedingt (mindestens) einmal zelebriert haben müssen. Das ist eine ebenso harte wie schmackhafte Pflicht. Die Vielfalt des Angebotenen vom Hering bis zum Käse, von warm bis kalt, ist nur durch magenstärkenden Aquavit, den man Ihnen per Flasche hinstellt, zu bewältigen. Zweite Spezialität ist Fisch – gebraten, gekocht, geräuchert (Forelle, Lachs!) oder mariniert (gravlaks). Als drittes aber die Vielfalt des »smørrebrød«, des reich und originell belegten Butterbrots, das es in vielen Variationen gibt und das tagsüber, besonders mittags, gern gegessen wird. Falls Sie durch Esbjerg kommen: Lassen Sie sich dort bei »Favoritten« (Skole-, Ecke Kronprinsengade) ein paar davon im Karton mitgeben, um sie unterwegs zu essen: Auswahl aus über 50 Sorten. Fleisch wird stets deftig zubereitet – als Beefsteak mit Zwiebeln, als Hacksteak, als Entrecôte – und auf einer stattlichen Platte mit viel (sehr guten) Kartoffeln und Gemüse serviert. Von den Suppen ist die Fleischbrühe mit Klößchen am typischsten, von den Desserts die sommerliche Fruchtgrütze mit Sahne, häufig als Rote Grütze. Gut ist Eis: Fløde Is = Sahne-Eis.

Landkarten: Manchmal versäumt man in einem Land das Wichtigste, weil die Karte mangelhaft war. Ich rate Ihnen, sich für Jütland die »Faerdselskort« im Maßstab von 1:200 000 zu besorgen, die das Land in drei Teilen erfaßt. Für ganz Jütland brauchen Sie also drei dieser Karten. Falls Sie am Limfjord haltmachen, genügen zwei. Die Karten sind vom Geodätischen Institut bearbeitet und verzeichnen auch wichtige Sehenswürdigkeiten.

Mahlzeiten: Die drei Hauptmahlzeiten heißen auf dänisch: morgenmad (Frühstück), frokost (zweites Frühstück bzw. Lunch, also Mittagessen), middagsmad oder kurz middag: die Hauptmahlzeit, die zwischen Nachmittag und Abend eingenommen wird. Lassen Sie sich von dem Namen »middag« nicht irreführen.

Das Frühstück ist gut und reichlich: mehrere Brotsorten, viel Kaffee, viel Butter, Käse und Wurst bzw. gekochtes Ei, Marmelade, manchmal noch ein Wienerbrød (Kopenhagener). Auch Fruchtsaft gibt es gelegentlich vorher. Achten Sie auf die Essenszeiten: Oft ist die warme Küche auf die Zeit von 17 oder 18 bis 20 Uhr beschränkt. Außerhalb dieser Zeit muß man dann mit einem smørrebrød vorliebnehmen. Das bildet im übrigen einen wichtigen Bestandteil der »frokost« und wird durch ein warmes Gericht angereichert. Natürlich kann man mittags wie abends auch ein warmes Gericht von der Karte essen, das es hier und da auch als Menü mit Suppe und Nachtisch gibt. In einem Privathaushalt (vielleicht auch bei einem Bauernhof-Urlaub) wird man Ihnen nach dem Abendessen Kaffee mit etwas Gebäck anbieten.

Museen: Allzu viele Jütland-Besucher begnügen sich mit Baden und Strand und schenken dem reichen

Angebot an Museen keine Aufmerksamkeit. Tatsächlich aber gibt es eine Vielzahl großartiger Sammlungen verschiedenster Art: sowohl Freilichtmuseen (wie das der Hjerl-Hede oder Laesøs Museumshof) wie bedeutende archäologische Sammlungen (z. B. mit Moorleichen) und reichhaltige Kunstmuseen. Hinzu kommen die Schlösser, Herrenhäuser, Klöster, die als Museen besichtigt werden. Ich werde auf die wichtigsten Museumsangebote bei der Darstellung von Landschaft und Orten hinweisen. Merken Sie sich jedoch, daß zahlreiche Museen am Montag geschlossen sind. Aber es gibt auch erfreuliche Ausnahmen.

Nachtlokale: Ich will nicht behaupten, daß es in Jütland keinerlei Nachtlokale gäbe, aber eine große Rolle spielen sie nicht. Vor allem beschränken sie sich auf die größeren Städte, während allgemein und in den etwas lebhafteren Badeorten die Diskotheken vorherrschen. Im übrigen: Des Nachtlebens wegen fährt wohl niemand nach Jütland.

Privatzimmer: Das Schild »Vaerelser« weist darauf hin, daß Privatzimmer zu vermieten sind, was sowohl für ein oder zwei Nächte als auch für einen etwas längeren Zeitraum möglich ist. Hier sind die Preise besonders günstig. Zudem haben Sie den Vorzug, bei Ihrem Vermieter ein wenig Kontakt mit dänischem Leben zu finden.

Post: Mit ihren schmucken knallroten Uniformjacken werden Ihnen Jütlands Postboten rasch auffallen. Ihre Post in die Bundesrepublik kostet als Postkarte 120 Øre, als Brief bis 20 g 150 Øre. Eilbotengebühr 600 Øre, also 6 Kronen, und Einschreiben 4 Kronen. Achten Sie auf das »D« vor der Postleitzahl, während Ihre Post nach Jütland vor der dort auch üblichen Postleitzahl ein »DK« erfordert. Postlagersendungen werden als »poste restante« bezeichnet, das steht auch über dem Postschalter in Jütland, wo Sie Ihre Post abholen. Geöffnet sind die Postämter gewöhnlich von 9 bis 17.30 Uhr, aber in kleineren Orten auch kürzer. Samstag 9.30 bis 12 Uhr. Merken Sie sich für alle Fälle ein paar postalische Ausdrücke in dänischer Sprache: Postamt = posthus, Briefmarke = frimaerke, Eilboten = Ekspres, Einschreiben = Rekommandation. Ihr Postsparbuch ist auch für Jütland gültig. Sie können hier Geld abheben wie in der Bundesrepublik, sollten jedoch den Personalausweis dabei haben.

Preisniveau: Eine im Vergleich mit der Bundesrepublik erhebliche Mehrwertsteuer (hier »Moms« genannt) von über 20 % lastet auf allen Preisen und hat dazu geführt, daß – zusammen mit der üblichen Teuerung – das dänische Jütland kein billiges Reiseland mehr ist. Vieles ist etwas teurer als daheim, einiges kostet etwa ebensoviel oder ist sogar billiger. Mit etwas Geschick kommt man mit dem Geld ebenso wie zu Hause aus. Raucher und Trinker tun gut, im Rahmen der erlaubten Höchstgrenzen das Notwendige mitzubringen. Bei den Preisen in den Restaurants sollte man die umfangreichen Portionen berücksichtigen und die Tatsache, daß zusätzliches Trinkgeld fast nirgends erwartet wird.

Presse: Deutsche Zeitungen finden Sie nicht überall, aber doch nicht selten, auch Wochenzeitschriften. Insbesondere in den von deutschen Gästen bevorzugten Strandorten sorgt man auch für deutsches Lesebedürfnis. Je nach Lage ist die Aktualität mehr oder minder groß.

Radfahren: Das flache Land ist für Radfahrer hervorragend geeignet. Fahrräder können vielerorts auch gemietet werden. Fertig organisierte Fahrradtouren (mit Voll- oder Halbpension) vermitteln (Dauer ein bis acht Tage) die Touristikbüros von Hobro, Viborg, Silkeborg, Randers, Grindsted und Vejle sowie Jylland Tours in Aalborg.

Reisezeit: Jütland wird bevorzugt im Sommer besucht. Daß Sie dabei aus verschiedenen Gründen die Zeit der dänischen Schulferien nach Möglichkeit vermeiden sollen, habe ich Ihnen schon geraten. Mit Sicherheit können Sie bis weit in den September hinein (und schon im Juni) im Meer baden. Aber auch im Mai und noch im Oktober bereitet eine Jütland-Reise, wenn sie nicht ausschließlich auf Baden abgestimmt ist, Genuß. Wie auch an den norddeutschen Küsten sind Aufenthalte im Frühling, Spätherbst und sogar im Winter gesundheitlich vorteilhaft. Die Landschaft hat das ganze Jahr über ihre eigenen Reize. Die dunkleren Abende sind in den gepflegten dänischen Unterkünften bei nahrhafter Atzung durchaus gemütlich, was die Dänen als »hyggelig« bezeichnen. Ich rate Ihnen aus reicher eigener Erfahrung, Jütland auch einmal außerhalb des Sommers zu besuchen.

Reiten: Vielerorts bestehen gute Reitmöglichkeiten – sowohl in Form von (nicht überall möglichen) individuellen Ausritten als auch in Reitschulen mit Unterricht. Ein reizvolles Reitgelände gibt es u. a. in Mitteljütland im Gebiet zwischen Vejle und Silkeborg. Die Reistunde kostet ungefähr 12,– DM.

Restaurants: Zahlreiche Restaurants stehen in Verbindung mit Hotels oder Kros (siehe unter Hotels). Dabei werden meist bestimmte Essenszeiten eingehalten. In den Städten gibt es freilich auch in mehr oder minder großer Zahl selbständige Gaststätten, die entweder durchgehend oder als ausgesprochene

Abendlokale von etwa 16 Uhr an geöffnet haben. Preisgünstig und zwanglos ißt man in Cafeterias mit Selbstbedienung, die selbständig tätig sind oder in Kaufhäusern betrieben werden.

Schuhputzen: In den Hotels werden Schuhe nicht geputzt. Jedoch gibt es hier und da Schuhputzapparaturen oder Schuhputzzeug in Hotel oder Kro. Wer Wert auf saubere Schuhe legt, sollte sein Putzzeug bei sich haben.

Straßennetz: Das jütländische Straßennetz ist außerordentlich dicht und ausgezeichnet ausgebaut, so daß man die bisher nur in Teilstrecken befahrbaren Autobahnen nicht vermißt. Im übrigen vermitteln gerade die durch die Dörfer führenden Nebenstraßen das lebendigste Bild vom jütländischen Alltag. Auch bei den Städten sollten Sie, falls Sie es nicht sehr eilig (bei Hin- und Rückreise) haben, statt der häufig vorhandenen Umgehungsstraße den Weg durch die Innenstadt nehmen, die durchweg reizvoll und lebendig angelegt ist.

Telefon: Telefonautomaten sind nicht ganz so häufig – insbesondere in ländlichen Gebieten – wie bei uns. Es besteht innerhalb Dänemarks und zur Bundesrepublik Selbstwähldienst. Sie erreichen die Bundesrepublik mit der Nummer 00 949 und anschließend der deutschen Vorwahlnummer, wobei Sie jedoch die am Anfang stehende Null weglassen. Die Verbindung kommt rasch zustande. Die Signale klingen ein wenig anders, als Sie es gewohnt sind, aber das Wählprinzip ist gleichartig. Sie füttern den Automaten beliebig mit Münzen von 25 Øre, 1 Krone oder 5 Kronen und müssen gegebenenfalls auf das Signal zum Aufstocken des Betrags achten. Ortsgespräche kosten 50 Øre. Selbstverständlich können Sie sich auch von der Post oder im Hotel (was teurer ist) das Gespräch vermitteln lassen.

Trinkgeld: In Jütland hält niemand die Hand für ein Trinkgeld auf. Taxifahrern allerdings können Sie etwa 10 Prozent über den Fahrpreis geben. Ebenso dem dienstbaren Geist, der (was selten ist) Ihren Koffer im Hotel trägt. Im Restaurant wird man eine Abrundung des Rechnungsbetrages nach oben mit Sympathie entgegennehmen.

Verkehrsvorschriften: Wer es in der Bundesrepublik mit der Anschnallvorschrift lässig nahm, muß in Dänemark umschalten: Hier besteht Gurtpflicht. Nichtanschnallen kann mit 100 Kronen geahndet werden – also spätestens (wenn nicht ohnehin) vor der Grenze Gurt anlegen! Die Geschwindigkeitsvorschriften lassen auf Autobahnen 100 (!), auf Landstraßen 80 und in Ortschaften 60 km zu, sofern nicht andere Geschwindigkeiten vorgeschrieben werden. Pkw mit Caravan nie schneller als 70 km, also auch nicht auf Autobahnen. Halten Sie diese Vorschriften unbedingt ein, denn die Polizei ist streng, und die Strafen sind auch für Touristen erheblich. Bis zu 20 km schneller zu fahren, kostet 600,- dkr, darüber

1200,– bis 2000,– dkr! Gleiches gilt für Fahren unter Alkoholeinwirkung, wobei es nicht darauf ankommt, ob dadurch ein Schaden oder Unfall verursacht wurde oder nicht. Höchstgrenze wie in der Bundesrepublik 0,8 Promille. Dagegen müssen Sie in Jütland beim Überholen nicht unbedingt links blinken, um auszuscheren: nur dann, wenn es die Situation erfordert. Achten Sie auf die Hinweise »Parkering forbudt«, was Parken verbietet, und »Stopforbud«, was jegliches Halten untersagt. Als Parken wird dabei jeder Halt über 3 Minuten (mit oder ohne Fahrer) angesehen. Häufig sind Parkscheiben vorgeschrieben, die evtl. bei der Polizei, auf Postämtern, an Tankstellen und in Banken erhältlich sind. Parkuhren sind von 9 bis 18 Uhr, an Samstagen von 9 bis 13 Uhr gebührenpflichtig und werden mit Münzen von 25 Øre und 1 Krone bedient. Die Verkehrsregeln entsprechen durchweg der internationalen Praxis. Auf Radfahrer wird besonders Rücksicht genommen. Bei Unfall oder Panne wendet man sich an den Tag und Nacht dienstbereiten Falck-Dienst. Als Mitglied eines deutschen Automobil-Clubs hilft Ihnen auch der Straßendienst des dänischen Automobilclubs FDM.

Wandern: In zunehmendem Maße wird Jütland zum Wandern entdeckt. Die örtlichen Touristikbüros haben bereits hier und da Wanderratschläge und Hinweise auf markierte Wege. Alljährlich findet der sogenannte Heerwegmarsch ab Viborg (auf den alten Heerweg, siehe Seite 136 ff.) statt, der im Juni zwei Tage lang dauert. Teilnehmerzahl 1978: 12 000. Auskunft und Anmeldung beim Informationsbüro in Viborg.

Wertsachen: Zwar sind Ihr Gepäck und Ihre Wertsachen in Jütland nicht so gefährdet wie in manchen anderen Ländern, aber gerade in der Hochsaison sind Menschen sehr verschiedenartiger Moral unterwegs, so daß Sie in Städten und am Strand den Wagen gut verschließen, nichts auffällig sichtbar in ihm liegenlassen und Geld bzw. Reiseschecks sicher verwahren sollten. Vorsicht ist weniger lästig als die Probleme, die sich nach einem Verlust ergeben.

Zoll: Zoll- und gebührenfrei einführen darf jeder Erwachsene (aus EG-

Ländern) ¾ l Spirituosen oder 3 l Dessertwein (unter 22 %) sowie 3 l Wein und 2 l Bier, 300 Zigaretten (oder 75 Zigarren bzw. 400 g Pfeifentabak), 75 g Parfum und ⅛ l Eau de Toilette. An Genußmitteln 750 g Kaffee und 150 g Tee. Sonstige Waren (einschließlich Bier) bis zum Wert von 950 Kronen. Bei der Ausreise gelten die gleichen EG-Bestimmungen. Auch wenn die Zollkontrollen im allgemeinen nicht rigoros sind, lohnen sich Überschreitungen nicht, weil sie bei Entdeckung erheblichen Ärger bereiten. Beachten Sie auch, daß für die Einfuhr von Lebensmitteln nach Dänemark strenge Bestimmungen bestehen und nicht mehr mitgenommen werden darf, als auf der Reise benötigt wird.

Kleiner Sprachführer

Der Vorzug der dänischen Sprache liegt darin, daß sich zahlreiche Worte, die Sie lesen, sozusagen von selbst deuten lassen: Is = Eis, Bageri = Bäckerei, Slagter = Schlachter, Købmand = Kaufmann und zahlreiche andere. Außerdem sprechen viele Dänen, insbesondere im südlichen Teil Jütlands, etwas Deutsch. Gelegentlich kann man es mit Erfolg auch mit Englisch versuchen. Das Hauptproblem liegt darin, daß die auf dem Papier so einfache dänische Sprache durch eine gutturale Aussprache anders klingt. Außerdem gibt es natürlich Worte, die man bei aller Phantasie nicht erraten kann: Øl = Bier, fløde = Sahne, vaerelse = Zimmer, bolig = Wohnung.

Sie tun jedenfalls gut daran, sich ein paar der wichtigsten Redensarten einzuprägen, um sich gegebenenfalls etwas leichter verständigen zu können. Falls Sie dänische Worte im Wörterbuch suchen oder im Telefonbuch blättern, müssen Sie darauf achten, daß die Buchstaben ae, ø und aa (= å) für Dänen jeweils am Schluß des Alphabets folgen, hinter z also. Während ae und ø den deutschen Umlauten ä und ö entsprechen, wird å wie ein dumpfes längeres o (etwa Ofen) oder kurz wie offen gesprochen.

vaersågod (gesprochen etwa: wärsgo) bitte
tak (tusind tak) danke (danke vielmals)
ja – nej ja – nein
farvel auf Wiedersehen
venstre – højre links – rechts
God dag, god morgen, god aften Guten Tag, Morgen, Abend
Hvor meget koster . . . ? Wieviel kostet . . . ?

Taler De tysk? Sprechen Sie Deutsch?
Jeg forstår ikke dansk   Ich verstehe kein Dänisch
Har De et ledigt vaerelse?   Haben Sie ein freies Zimmer?
Jeg vil gerne have ...   Ich möchte ..., Ich brauche ...
Hvor er ... ?   Wo ist ... ?
Herrer ...   Damer ...   Herren, Damen (Toilette!)
Anrede: herr, fru, fröken   Herr ..., Frau ..., Fräulein ...
Hvordan har De det?   Wie geht es Ihnen?
Tak, godt   Danke, sehr gut
Må jeg bede om spisekortet?   Bringen Sie bitte die Speisekarte
Lad det smage!   Guten Appetit!
Må jeg bede om regningen?   Die Rechnung, bitte!
Hvor langt er det herfra til ... ?   Wie weit ist es von hier nach ... ?
Undskyld – Ingen årsag!   Verzeihung – keine Ursache!
Det gør mig meget ondt   Das tut mir sehr leid

Eine der wichtigsten Redensarten, die nach jeder Mahlzeit, zu der man eingeladen wurde, unumgänglich ist: Tak for mad (bzw. kaffe)!   Dank für die Mahlzeit (Kaffee)!

Die unentbehrlichen Zahlen:

0	nul
1	en, et; erste: förste
2	to; zweite: anden, andet
3	tre; dritte: tredje
4	fire
5	fem
6	seks
7	syv
8	otte
9	ni
10	ti
20	tyve
30	tredive
50	halvtreds
60	treds
70	halvfirs
80	firs
90	halvfems
100	hundrede
1000	tusind
$1/2$	en halv, et halvt
$1/4$	en fjerdedel, en kvart

Forbudt heißt, wie man beinahe ahnen kann, verboten. Gelegentlich findet sich dabei der Hinweis auf »Militaert Område«, was eine militärische Anlage kennzeichnet, die Sie nicht fotografieren sollen. Ein Schild, das Sie als Scherz in den Geschäften kaufen können, taucht freilich im jütländischen Landschaftsbild (zum Glück) nie auf: Alt forbudt (Alles verboten)!

Nicht weit jenseits der Grenze

Das dänische Jütland ist der nächste nördliche Nachbar der Bundesrepublik. Wenn die Grenze mit ihren Kontrollen (die freilich durchaus freundlich sind) nicht wäre, würde man es gar nicht bemerken, daß man aus einem Land ins andere kommt, denn der Charakter von Land und Leuten ändert sich eigentlich kaum. Dabei wollen wir uns gar nicht lange dabei aufhalten, daß ja bis 1920 diese Grenze ein Stück weiter nördlich gelegen hat. So wichtig ist das im Europa von heute nicht mehr.

Ausflugsziel Jütland

Heutzutage führt die Autobahn von Hamburg her quer über diese Grenze und von der Bundesrepublik nach Jütland hinein. Seit sie ab 1978 ganz Schleswig-Holstein von Süd nach Nord in der Länge durchzieht und sich auch jenseits ein Stück fortsetzt (das allmählich immer länger werden wird), ist ein Ausflug nach Jütland noch bequemer geworden. Wenn man in anderthalb Stunden von Hamburg aus Jütland erreicht hat, bleibt genug Zeit, um sich auch ohne Übernachtung bei den Dänen, die sich hier Jüten nennen, umzuschauen. Falls Sie gar ein Wochenende für Ihre Exkursion nach Jütland vorsehen, bekommen Sie eine ganze Menge zu sehen. Theoretisch könnten Sie dann sogar bis zur Nordspitze von Skagen und zurück fahren, eine Hetzjagd, zu der ich Ihnen nicht rate, weil Sie sich damit um viele Erlebnisse bringen würden.
In dem Raum nahe der Grenze, den ich einmal mit der Linie zwischen Esbjerg im Westen und Kolding im Osten begrenzen möchte, liegen nämlich immerhin sieben wichtige Städte, drei der fünf jütländischen Inseln und die Küste zum Kleinen Belt. Dazwischen viel fruchtbare, aber auch kulturträchtige Landschaft.

Wo die Volkshochschule begann

Die Kultur in diesem Landstrich hat viele Gesichter. Das bedeutsamste ist sicher das von Rødding und Askov, denn Ribe, Dänemarks älteste Stadt, ist ohnehin ein Thema für sich. Vermutlich haben Sie weder von Rødding noch von Askov je gehört. Wohl aber von der Volkshochschule. Ihre Wurzeln liegen in Rødding, knapp 20 Kilometer östlich von Ribe. Hier wurde Mitte des vorigen Jahrhunderts die erste Volkshochschule der Welt begründet. Die Idee kam also aus Jütland! Allerdings mischte sich die Geschichte störend ein: Als Nordschleswig nach 1864 zu Preußen geschlagen wurde, gehörte Rødding plötzlich nicht mehr zu seinem Mutterland. Das veranlaßte die Volkshochschule, nun nach Askov überzusiedeln, das gerade noch innerhalb der damals gezogenen Südgrenze Dänemarks lag: 3 Kilometer von dem Industriestädtchen Vejen entfernt, heute ein Dorf von 600 Einwohnern. Aber das Licht, das von Askov aus neue Bildungsmöglichkeiten verhieß, strahlte hell und ist bis heute immer leuchtender geworden. Als 1920 auch Rødding wieder dänisch geworden war, konnte man auch hier die 56 Jahre unterbrochene Volkshochschularbeit wieder aufnehmen.

Obwohl viele Jütland-Ausflügler mit Vorliebe das Dörfchen *Dybbøl* (deutsch: Düppel) aufsuchen, mit dessen Mühle und Schanzen Anno 1864 das wichtige Ereignis der Erstürmung der Düppeler Schanzen verbunden war, wollen mir Rødding und Askov für die Entwicklung der Menschheit als weit wichtiger erscheinen.

Links und rechts der Autobahn

An der Grenze zwischen der Bundesrepublik und Dänemark/Jütland gibt es nicht weniger als sieben Grenzübergänge zur Auswahl. Am schnellsten bringen Sie die Anfahrt durch Schleswig-Holstein über die Autobahn (A 7 = E 3) hinter sich. Freilich kann es im Sommer hier zu Stauungen und Engpässen kommen. Dann kommen Sie – und vielleicht bequemer und rascher – auf den anderen nach Jütland führenden Straßen weiter. Das sind – von Ost nach West – die Grenzübergänge:

Im Zuge der B 76 bei Kupfermühle – Kruså
Zwischen Harrislee und Bov
Im Zuge der A 7/E 3 zwischen Ellund und Padborg
Zwischen Neu-Pepersmark und Rens
Im Zuge der B 5 (Dänemark: A 11) zwischen Böglum und Saed
Nördlich von Niebüll zwischen Aventoft und Ubjerg
Nahe Seebüll bei Rudbøl

Falls Sie über die Autobahn nach Jütland hineinfahren, kommt für Sie nach fünf jütländischen Kilometern die Entscheidung: entweder auf der Autobahn weiter geradeaus in Richtung auf Åbenrå (Apenrade) – oder von der Autobahn herunter und östlich auf der dänischen A 8 in Richtung Dybøl, Sønderborg, Insel Als (Alsen), bzw. von der Autobahn herunter und westlich auf der dänischen A 8 in Richtung Tønder (Tondern), wobei Ihnen für eine Fahrt nach Ribe wiederum verschiedene Möglichkeiten offenstehen.

Wenn hier von der Autobahn die Rede ist: Anders als bei uns finden Sie kurz nach Passieren der Grenze eine Raststätte – mit Information, Geldwechsel, Toilette, Telefon – ein paar hundert Meter abseits der Autobahn und daher ruhiger. Sie präsentiert sich geschmackvoll in dänischem Design für eine angenehme Rast. Allerdings ist der Wechselkurs für Ihr deutsches Geld hier ein wenig ungünstiger als in einer Bankfiliale. Dafür ist freilich rund um die Uhr und auch am Sonntag durchgehend geöffnet.

Zur Nordseeküste und drei Inseln

Grenznächste Stadt Jütlands ist *Tønder* (Tondern), das Sie sowohl von der Autobahn über die dänische A 8 als auch im Zuge der Grünen Küstenstraße (B 5, in Dänemark A 11) bequem erreichen. Sozusagen die rascheste Möglichkeit, nach Jütland hineinzuschnuppern und dabei die Bekanntschaft mit einer wahrhaft stilvollen Stadt zu machen.

Wenn Sie die Stadt heute sehen, die übrigens bereits 1243 Stadtrecht erhielt, würden Sie bestimmt nicht auf die Idee kommen, daß sie bis Mitte des 16. Jahrhunderts am Meer lag und einen bedeutenden Hafen besaß. Heute müssen Sie 13 Kilometer fahren, bis Sie an die Nordsee stoßen. Die Eindeichung der Nordsee, die im 16. Jahrhundert begann, wurde für Tønder zum Schicksal. Mit dem Fortfall des Hafens ging die Wirtschaft zurück. Da kam denn die Einführung der Kunst des Klöppelns gerade recht. Als Spitzenstadt gewann Tønder neuen Reichtum, der sich um die Mitte des 17. Jahrhunderts für die Bevölkerung auswirkte. Damals erhielt auch die Stadt – das erkennen Sie an den gediegenen Patrizierhäusern aus jener Zeit, auch wenn die Stilarten kühn durcheinandergehen – ihren bis heute spürbaren Zauber, der sie zu einer der schönsten dänischen Städte macht. Von Renaissance bis Ba-

Dorfidylle von gestern in Møgeltønder

rock, von Rokoko bis Empire finden Sie mehrere Jahrhunderte in den manchmal palaisartigen Giebelhäusern, die miteinander zu wetteifern scheinen (was gewiß auch eines der Baumotive war), mit ihren ausdrucksvollen Portalen und den typischen Erdgeschoß-Erkern, die allerdings da oder dort in den Fußgängerstraßen den großen Schaufenstern weichen mußten.

Es ist nicht schwer, sich von Tønders Charme einfangen zu lassen. Auch ohne die einzelnen Häuser anzuführen, die besonders um Østergade, Vestergade und Markt zu finden sind, gibt es noch besondere

Sehenswürdigkeiten. Im Mittelalter besaß Tønder ein Schloß als Befestigung, von dem jedoch nur noch die Grundmauern zu sehen sind – es wurde 1750 abgebrochen. Das *Torhaus* von 1530 blieb bewahrt, und hier können Sie heute am Kongevejen ein *kulturhistorisches Museum* besichtigen, das vielerlei über die stolze Vergangenheit – Seefahrt, Walfang, Spitzenklöppelei, Landwirtschaft – erzählt. Freunde Delfter Fliesen werden die größte Sammlung ganz Skandinaviens entdecken: Sie gehörten hier (wie etwa auf Föhr) zur selbstverständlichen Wandbekleidung der Innenräume. Tønders zweites Museum ist der Kunst gewidmet: *Sønderjyllands Kunstmuseum* hat einen reichen Bestand an neuerer dänischer Kunst. Öffnungszeiten (außer Montag) für beide Museen täglich 10 bis 17 Uhr (in der Saison).

Die 1592 eingeweihte *Kristkirke* (Christkirche) enthält noch Teile eines älteren Baus, so den Turm. Das Innere weist eine Kanzel des Jahres 1625 auf, die kunstvoll mit Holzschnitzereien geschmückt ist, außerdem eine großartige Orgelfront. In der Nørregade informiert ein *Museum* über die Kirchenkunst dieser Landschaft.

Tønder ist eine Stadt der Marschen. Fahren Sie in Richtung Nordsee zu dem Flecken Højer, dann erreichen Sie ein Gebiet, das früher durch Sturmfluten schwer heimgesucht wurde. Allein die Flut des Jahres 1634 verschlang zwischen Tønder und Ribe über 1000 Häuser und 20 Kirchen, dazu 6000 Menschen und über 50 000 Stück Vieh. Jetzt verstehen Sie, warum an dieser Strecke einzelne Gehöfte – wie auf den Halligen – erhöht auf sogenannten Warften stehen. Heute verhindern sorgsam gezogene Deiche die Wiederholung einstiger Schrecken.

Bevor Sie nach Højer kommen, erwartet Sie eine liebenswerte Überraschung. Nachdem Sie das Barockschloß *Schackenborg* (mit »Slotskro«) mit Torhaus und Graben ringsum passiert haben, holpern Sie über das Kopfsteinpflaster der Slotsgade (also: Schloßstraße) von *Møgeltønder*. Dieses Dorf mit seinen malerischen Backstein-Reetdachhäusern (mit Erkern) längs der mit Linden bepflanzten Straße steht mit Recht unter Denkmalschutz. In ganz Dänemark gibt es kaum ein schöneres. Hier ist die Zeit stehengeblieben. Über die niedrigen Häuser wacht die *Kirche* mit ihrem Backsteinturm, in deren Inneren die älteste noch in Gebrauch befindliche *Orgel* Dänemarks aus dem Jahr 1679 neben der Grabkapelle der Schacks von 1763 am wichtigsten ist. Also: Kein Besuch von Tønder ohne die Stippvisite in Møgeltønder!

Von hier sind es dann nur noch 14 Kilometer bis *Højer*, dem wichtigen Hafen für die Muschelfischerei mit einer eindrucksvollen Schleusenanlage aus dem Jahr 1861. Noch mehr ins Auge fällt die stattliche Windmühle. So hübsch Højer mit friesischen Reetdachhäusern und Bauernhöfen auch ist – gegen Møgeltønder wirkt es karger, obwohl die Kirche aufs 14. Jahrhundert zurückgeht und der alte Deich des 16. Jahrhunderts weit übers Meer blicken läßt, das hier zwischen Ebbe und Flut zwei Meter Unterschied aufweist.

Von Højer aus können Sie parallel zur Küste hinter dem Deich nach Norden durch ein paar nordseenahe Dörfchen mit erhöhten Hofanlagen fahren. Dabei blicken Sie übers Wattenmeer bald nach Rømø hinüber. Aber sonst bietet die Strecke nicht allzuviel. Kehren Sie also nach Tønder zurück, wobei Sie einen kleinen Umweg machen, der Sie zunächst zur Wassermühle von Lindskov führt, die noch arg mitgenommen aussieht, aber wohl instand gesetzt werden soll. Zwei Findlinge beim Dorf *Gallehus* weisen auf die Stelle hin, wo in den Jahren 1639 und 1734 jeweils ein goldenes Horn gefunden wurde.

Rømø – Badeinsel und Sprungbrett

Nach Rømø fahren viele, um Geld zu sparen. Dabei wollen sie gar nicht auf diese Insel, sondern überqueren sie nur, um von Havneby aus das Fährschiff zum Hafen List der Insel Sylt zu benutzen. Das ist billiger als die Huckepack-Fahrt mit der Bundesbahn über den Hindenburgdamm, auch wenn es insgesamt länger dauert. Vor allem lassen sich dabei Tønder – wie eben beschrieben – und auch ein paar Eindrücke von Rømø mitnehmen.

Von Tønder fahren Sie auf der A 11 nordwärts, durch Bredebro, das einst ein Mittelpunkt der hiesigen Klöppelindustrie war. In *Skaerbaek* müssen Sie links abbiegen, um zur Insel Rømø (deutsch: Röm) zu gelangen. Sie ist, seit zwischen 1940 und 1948 ein Straßendamm vom Festland durchs Wattenmeer gezogen wurde, keine richtige Insel mehr. Etwa acht Kilometer fahren Sie nicht allzu abwechslungsreich, aber doch recht romantisch »durchs Meer«. Die Insel umfaßt bei 16 Kilometer Länge und sechs Kilometer Breite etwa 100 Quadratkilometer, auf denen nicht mehr als 850 Einwohner leben. Wenn Sie nach Erreichen der Insel geradeaus weiterfahren, gelangen Sie nach *La-*

kolk, das sich mit Hotels, Restaurants, Sommerhäusern und Einkaufszentrum sowie Campingplatz bis zum Strand hin ausdehnt. Die Anfänge von Lakolk liegen in der Zeit, als die Insel zum Deutschen Kaiserreich gehörte: Ab 1898 empfahl es sich als »deutsches Familienbad« mit »Kaiserhalle« und »Drachenburg«. Da es noch keinen Damm durchs Watt gab, war die Fahrt hierher wenig bequem.

Was ist Rømø für eine Insel? Nun – auch wenn man die nüchterne Zweckarchitektur der Lakolker Ferienbauten abzieht, fällt es zuerst nicht ganz leicht, sich für das Inselgesicht zu begeistern. Es gibt kaum Bäume, allenfalls teilweise (im Osten) kleine Kiefernwäldchen mit Heidecharakter. Im übrigen: viel, viel Sand und einige Dünenketten. Der bis zu vier Kilometer breite Sandstrand ist Rømøs größtes Plus, auch wenn so viel Sand schon an Wüste erinnern mag. Dieser Sand erstreckt sich im Westen, Norden und Süden: Viele Kilometer lang können Sie mit dem Wagen über den festen Sand fahren, wobei Pfähle die Richtung anzeigen. Höchstgeschwindigkeit: 30 Kilometer.

Der Insel-Osten besitzt noch die abwechslungsreichste Landschaft: Ortschaften zum Wattenmeer hin und die bereits erwähnte Heide. Von der Südostspitze aus verkehrt die Autofähre nach List auf Sylt. Ursprünglich war *Havneby* von der dänischen Regierung als Fischereihafen angelegt worden. Nachdem die dänische Reederei Lindinger in Konkurs ging, hat die Förde-Reederei aus Flensburg (unter zypriotischer Flagge!) den Fährbetrieb übernommen.

Wenn Sie wissen, was Sie erwartet, werden Sie auch die Pluspunkte Rømøs recht zu würdigen wissen. Das ist natürlich der Strand, auf dem es selbst bei lebhaftem Wochenendverkehr mit vielen tausend Autos immer noch nicht zu Gedränge kommt und der im Süden mit Havsand ein wahres Paradies für Nacktbader ist: »Hier bin ich Mensch, hier darf ich's sein!« Hier atmen Sie die frische Luft vom Meer, rein und ohne alle industrielle Verfälschung, falls Sie genügend Abstand von der Autoroute haben.

Zudem hat Rømø durchaus auch seine Sehenswürdigkeiten. Das ist zunächst – im Nordostteil – der »Kommandørsgården« von *Toftum* des Jahres 1746. *Kommandøre* nannte man die Kapitäne der Walfangschiffe. Rømøs größte Zeit wird damit lebendig. Anno 1770 gab es unter beinahe 1500 Einwohnern vierzig Walfangkommandøre auf der Insel. Von hier kamen nicht nur die Kapitäne, sondern auch Steuermänner und Matrosen für die gefährliche Reise im Segelschiff zu den

Blick in Rømøs Kommandørsgården

Gewässern um Grönland, Jan Mayen und Spitzbergen, bei der immer wieder Schiffe vom Eis zerdrückt wurden. Achten Sie auf die Zäune der Gärten, die aus Walknochen zusammengesetzt sind! Ums Jahr 1800 begann der Verfall des Walfangs. Damit brach auch Römøs Wohlstand zusammen. Als Vorposten des Deutschen Reiches gar war Röm eine beinahe vergessene Insel: Die Einwohnerzahl sank unter 700! Die Umstellung auf Landwirtschaft und – von Jahr zu Jahr mehr – Fremdenverkehr brachten die Wende der letzten Jahrzehnte. Der »Kommandørsgården« blieb als Wohnhaus eines der alten Kapitäne erhalten und bildet heute eine Abteilung des Dänischen Nationalmu-

seums. Ein Besuch gehört zu den Selbstverständlichkeiten auf Rømø: Öffnungszeit zwischen Mai und Oktober 10 bis 18 Uhr.
An die Zeit der Walfänger erinnert auch *Kirkebys Seemannskirche St. Clement* aus dem Jahr 1200 im Südostteil der Insel. Einmal durch die in der Kirche hängenden *Schiffsmodelle,* zum anderen durch die Grabsteine der Kapitäne von einst auf dem Friedhof. Achten Sie auf die geschmiedeten Huthaken an der Decke über dem Gestühl. Außer den rund 30 Grabsteinen besitzt die Nordseite des Friedhofs eine internationale Kriegsgräberstätte. In der Kirche – Schlüssel im Pfarramt! – fallen die Kanzel von 1584 und die barocke Altartafel von 1686 auf. Die niedrige Decke gibt der Kirche einen ganz eigenen Charakter von Geborgenheit.
Zwar kommen fast alle Rømøbesucher im Sommer, doch die Insel ist außerhalb dieser Zeit von beinahe noch stärkerem Reiz. Es gibt kein Gedränge von Autos. Im Frühjahr und Herbst machen die riesigen Schwärme von Zugvögeln hier halt. Die Natur hat dann das Wort, im Frühjahr auch mit den Lämmchen der Schafe, die zu Rømøs sandigen Wiesen gehören. Sturm auf Rømø zu erleben, vermittelt unvergeßliche Eindrücke. Wenn ich die Wahl habe, fahre ich lieber außerhalb der Saison hierher und habe dabei das Gefühl, daß die Insel mir ganz allein gehört.

Dänemarks älteste Stadt: Ribe

Wer auf Rømø ist oder an der Westküste nach Norden fährt, kommt um Ribe nicht herum. Schon zur Zeit der Wikinger herrschte hier Leben. Die erste Erwähnung einer Siedlung geht aufs Jahr 800 zurück. Ansgar, der Apostel des Nordens, baute hier Dänemarks erste Kirche. Von der bedeutenden Vergangenheit, die Ribe zu Dänemarks ältester Stadt macht, blieb genug bis heute erhalten: Ribe ist ein lebendiges Museum!
Wenn Sie Rømø verlassen haben, sind es von Skaerbaek bis Ribe noch 18 Kilometer in nördlicher Richtung. Wer direkt von Tønder kommt, fährt insgesamt 45 Kilometer. Nach Skaerbaek passieren Sie *Brøns* mit seiner stattlichen *Tuffsteinkirche,* die eine verzierte Holzdecke und Fresken besitzt. Mehrfach macht Sie ein Wegweiser auf den Ebbeweg zur Insel *Mandø* (oder Manø) aufmerksam: von Hviding fünf Kilome-

ter. Dieser Ebbeweg ist eine abenteuerliche Sache! Er führt von Vester Vedsted aus zu der sechs Quadratkilometer großen, beinahe runden Insel Mandø im Wattenmeer, auf der wenig mehr als 100 Einwohner leben. Bei Ebbe kann man den Weg durchs Watt gut erkennen, aber Sie sollten trotzdem nicht mit Ihrem Wagen losfahren. Es könnte gefährlich werden. Wenn Sie der Trip nach dem landschaftlich wenig originellen Mandø reizt, vertrauen Sie sich dem Postwagen bzw. Trekkerbus an, der täglich den Kurs einschlägt und alle Tücken des Weges kennt. Immerhin besitzt die Insel einen Kro mit elf Betten und in einem der alten Schifferhäuser ein kleines *Heimatmuseum.* Ursprünglich waren es sogar zwei Inseln, die erst 1937 miteinander verbunden wurden. Ob es in absehbarer Zeit zu dem erhofften Dammbau zwischen Festland und Insel kommt – oder gar zu einem Damm zwischen den drei Inseln Rømø, Mandø und Fanø –, ist noch offen.

Aber nun endlich nach Ribe, von wo aus die Tour nach Mandø ein hübscher Ausflug ist. Es ist Ribe nicht anders gegangen als Tønder: Der Hafen des Mittelalters versandete. Fünf Kilometer trennen heute Ribe vom Meer. Aber das Meer kam gelegentlich doch noch in die Stadt, so Anno 1634 bei der unheilvollen Sturmflut. Eine Marke hinter der Kanzel des Doms zeigt an, wie hoch das Wasser damals stand. Auch am Hafen der Fischerboote, wo die Ribe Å fließt, können Sie an der Sturmflutsäule ablesen, welche Eskapaden sich die Nordsee erlaubte, die für Ribes Einwohner oft Angst und Not brachte.

Ribes berühmter *Dom* : Der heutige Bau, um den sich die Häuser der Stadt scharen, entstand im 12. Jahrhundert. Aber die roten Seitenschiffe wurden erst 300 Jahre später angefügt, wodurch er mit insgesamt fünf Schiffen zu Dänemarks breitester Kirche wurde. Der romanische Ursprungsbau – anstelle einer Holzkirche von 862! – entstand aus Steinen von Rhein und Weser. Die Backsteinteile zeigen gotischen Stil. Der wehrhafte Bürgerturm geht in der Tat auf einen früheren Wehrturm zurück und besitzt Schießscharten sowie Kampfspuren aus der Zeit der Schwedenkriege. Viermal im Verlauf des Tages ertönt das Glockenspiel: Um 8 und 18 Uhr hören Sie einen Psalm »Die lieblichste Rose«, um 12 und 15 Uhr ein Volkslied über Königin Dagmar. Besichtigungszeit (gegen Eintritt!) ist von 9.30 Uhr bis 18 Uhr.

Nun aber sollen Sie sich von Ribes Zauber einfangen lassen. Städte wie diese sind selten geworden. Immerhin stehen hier mehr als 100 Häuser (in einer Stadt von 8250 Einwohnern) unter Denkmalschutz, die zwischen dem 15. und 17. Jahrhundert erbaut wurden und ganze Straßenzüge malerisch (und fotogen!) gestalten. In Ribe war viel Historie zu Haus, und daran erinnert auch der Blick auf Wallgraben und Ruinen des einstigen Königsschlosses Riberhus, wo heute an *Slotsbanken* die Gestalt der Königin Dagmar aufragt.

Hier regierten im 12. und 13. Jahrhundert Dänemarks Könige. Hier also – und nicht in Kopenhagen! Schon damals, nämlich 1146, wurde hier Dänemarks erste Schule eröffnet. Später gab es gegenüber dem Dom eine Lateinschule, die 1500 entstand. Natürlich war hier ein Bischof ansässig: Seine Wohnung befand sich in der Taarnborg von 1550. Selbstverständlich hatte Ribe auch ein *Kloster,* das 1228 gestiftet worden war. Der Klosterkomplex mit der *St. Catharinenkirche* der Dominikaner ist der schönste, den Dänemark noch besitzt. Wenn Sie die Fiskergade in Richtung Hafen entlanggehen, sind Sie in die Zeit um 1400 versetzt. Achten Sie auf die typischen Kaufmannshöfe. Der bereits erwähnte Hafen – *Skibbroen* – ist ebenfalls der älteste Dänemarks. Sie sehen: Um Superlative kommen Sie hier gar nicht herum. Und um noch ein wenig in der Geschichte zu kramen: Im 17. Jahrhundert war Ribe zeitweilig schwedisch. Was Sie freilich nicht mehr finden, obwohl es für Ribe viele Jahrhunderte – bis in unsere Tage sogar – typisch war, sind die Störche. Achten Sie auf die leeren Nester, sofern man sie nicht entfernt hat.

Natürlich können Sie Ribe Haus für Haus nach Rang und Namen besichtigen. Aber ich meine, Sie sollten vor allem die Stimmung mitnehmen, wie sie Ihnen etwa am Markt *(Torvet)* mit den Bauten des 15. Jahrhunderts begegnet. Vielleicht schauen Sie (mit einer Einkehr) in die »Weiss' Stue«, historische Schankstube von 1720. Im Sommer ab 22 Uhr können Sie von hier den Nachtwächter zu seiner Runde aufbrechen und die alten Lieder singen hören. Das gibt es sonst nur noch in Ebeltoft (siehe Seite 103).

Falls es in Ihren Reiseplan paßt, bleiben Sie in Ribe über Nacht. Es gibt ein paar Hotels, von denen »Dagmar« am Markt Spitze ist. Auf diese Weise können Sie nämlich auch zu Zeiten durch die Straßen spazieren, in denen der Ansturm der Besucher abgeebbt ist oder noch nicht begann: abends oder am frühen Morgen. Wenn Sie an der alten »Schiffsbrücke« die Augen schließen, dann stellen Sie sich vor, wie hier die Schiffe der Kaufleute absegelten und einliefen, die Waren für die zahlreichen Kaufmannshöfe der Stadt herbeischafften.

Ribes romantische Häuser ziehen sich rings um den Dom

Einen Besuch wert sind auch Ribes Museen, von denen es vier gibt, darunter die Kopie eines 1867 erbauten Segelschiffs namens »Johanne Dan« mit einem *Seefahrtsmuseum* an Bord. Im Kaufmannshof »Quedens Gård« von 1580 ist »Die antiquarische Sammlung« als beschauliches *Heimatmuseum* untergebracht, das sich auch noch auf zwei andere Gebäude erstreckt. Ebenso empfehlenswert ist das *Ribe Kunstmuseum* in der Sct. Nicolajgade, das mit Bildern dänischer Maler eine Art gemalte Chronik von Ribe, Fanø und dänischem Leben auf dem Land darstellt.

Ich hoffe, Sie haben sich für Ribe genug Zeit genommen. Die Stadt ist für ein »kaum gegrüßt – gemieden« zu schade. Die beschauliche Welt von einst muß auch beschaulich betrachtet werden. Würden Sie etwa sonst an der Ecke Sønderportsgade und Puggårdsgade oberhalb der Gaslampe das Röllchen unter der Traufe erblicken? Was es damit auf sich hat, wollen Sie wissen. Nun: Hier wurde als erste Straßenbeleuchtung von einst eine Tranlampe nach oben gezogen. Solche kleinen »Sensationen« entdecken Sie noch mehrfach, vielleicht auch vom Kunstmuseum den Weg aus dem Garten zur »Enteninsel« und zum Platz vor Sct. Kathrinen. »Gangsti« heißt der romantische Pfad. Gewiß haben Sie bemerkt, wie gern ich Ribe habe. Ich denke, es wird Ihnen ebenso ergehen . . .

Moderne Stadt Esbjerg

Dicht beieinander liegen sie: Ribe und Esbjerg, die alte und die neue Zeit. Der Weg: Von Ribe zuerst 30 Kilometer nach Norden, dann nach Nordwesten. *Esbjerg,* das ist schon eine stattliche Stadt mit rund 70 000 Einwohnern, und nur mühsam kann man sich vorstellen, daß dort, wo es heute liegt, Mitte des vorigen Jahrhunderts nichts als nackter Strand war. Dann wurde 1868 der Hafen angelegt, und mit ihm wuchs die Stadt, die heute die größten Kühlhäuser Europas und den größten Fischereihafen Dänemarks besitzt. Auch als Export- und Verkehrshafen nach England und den Faerøern hat Esbjerg neben seiner Stellung als Fährhafen zur Insel Fanø Bedeutung. Respekt vor Esbjerg!
Daß Esbjerg entstand, verdankt es den – Preußen. Denn nachdem 1864 das südliche Jütland (Nordschleswig) für Dänemark verlorengegangen war, besaß die Westküste keinen Hafen mehr. So entschloß man sich, eine neue Hafenstadt für den Export zu gründen. Zugleich waren sich die Dänen bewußt, daß die Südwestecke Jütlands ein städtisches Zentrum brauchte. Daß durch die Rückkehr insbesondere von Tønder und Ribe nach 1920 kein Mangel an Städten mehr bestand, hat die Entwicklung von Esbjerg nicht beeinträchtigt. Anders als die »gewachsenen« Städte Tønder und Ribe wurde Esbjerg auf dem Reißbrett mit rechtwinkligen und geraden Straßen angelegt. Wenn man Esbjerg halb spöttisch, halb lobend das »Chicago« von Dänemark ge-

nannt hat, so galt diese Bezeichnung dem geschäftstüchtigen Aufwärtsstreben der Esbjerger. Das spüren Sie in der ganzen Stadt und besonders, wenn Sie aus dem vergleichsweise versponnen wirkenden Ribe kommen.

Das sind Esbjergs Trümpfe: Fischereihafen mit 550 Kuttern. Fischauktionshalle von 255 Meter Länge, in der im Sommer täglich um 7 Uhr die neuen Fänge lautstark versteigert werden. Dänemarks größter Containerhafen. Von hier mit Fährschiffen in 38 Stunden auf den Faerøern, in 18 Stunden in Harwich, in 19 Stunden in Newcastle. Und: in 20 Minuten auf der Insel Fanø! Die fünftgrößte Stadt Dänemarks verschifft zwei Drittel des dänischen Bacon (Frühstücksspeck) nach England und verarbeitet angelandeten Fisch zu Konserven, Fischöl und Heringsmehl. Die Folge davon macht sich naturgemäß bemerkbar: Nicht überall in Stadt und Hafen riecht es bei entsprechendem Wind besonders gut ...

Touristische Sehenswürdigkeiten im landläufigen Sinn sind in Esbjerg dünn gesät. Aber der Bummel durch die Kongensgade mit ihren typisch dänischen Läden hat seinen Reiz: Auch wenn es erst 110 Jahre sind – ein wenig Patina hat Esbjerg doch schon gewonnen. Und ein paar Glanzpunkte: ein modernes (1968 erbaut) *Fischerei- und Seefahrtsmuseum* mit einem *Aquarium* der dänischen Salzwasserfische und einem Bassin mit munteren Seehunden – im Sommer täglich von 10 bis 20 Uhr geöffnet (Eintritt nicht billig!). Vielleicht können Sie es einrichten, um 14.30 Uhr zur Fütterung der acht Seehunde anwesend zu sein. Eine Cafeteria mit schönem Blick auf die Nordsee ist auch dabei. Nicht weniger sehenswert der *Kunstpavillon,* der dänische Kunst ab 1920 bis heute zeigt und im Sommer von 10 bis 17 (Wochenende 10 bis 18) Uhr geöffnet ist. Vor 15. Juni und nach 15. August wird mittags von 12 bis 14 Uhr geschlossen. Auch das regionale *Esbjerg-Museum* lohnt werktags zwischen 10 und 16 Uhr den Besuch.

Damit Esbjerg als Dänemarks westlichste Stadt den Anschluß nach Kopenhagen hat, führen wichtige Straßen- und Bahnstrecken nach Osten. Die A 1 = E 66 schneidet quer durch Jütland von West nach Ost über Vejen und Kolding zur Beltbrücke bei Fredericia und über die Insel Fünen zur Fähre über den Großen Belt, womit ab Halskov der Weg nach Kopenhagen frei ist. Durch diese Querverbindung ist Esbjerg so etwas wie ein Gegenpol zur dänischen Hauptstadt.

Fanø – Insel der Dünen und Strände

Aber kein Besuch von Esbjerg ohne den Trip zur Insel *Fanø*, die mit knapp 50 Quadratkilometern nach Rømø zweitgrößte Nordsee-Insel Jütlands ist. Auf ihr leben 2600 Einwohner. Die Insel ist 17 Kilometer lang und zwei bis fünf Kilometer breit. Die Fahrt ab Esbjerg dauert nur 20 Minuten, im Sommer pendeln die Schiffe ziemlich regelmäßig. Wer kommt, muß warten, bis er dran ist: Reservierung erfolgt nicht. Sie können froh sein, daß die alten Vorschriften inzwischen aufgehoben sind. Sie besagten, daß während der Fahrt kein Ferkel auf dem Schoß befördert werden durfte. Genießen Sie die kurze Überfahrt und halten Sie Ausschau: Bei klarem Wetter sind übers Wattenmeer nach Südosten hin die Türme von Ribes Dom zu erblicken.

Fanø ist keine alte Insel, wie es in der Bundesrepublik Sylt, Föhr und Amrun sind. Erst zu Beginn unserer Zeitrechnung spülte das Meer die Sanddünen auf, um die sich die Insel bildete. Im Süden erreichen die Dünenhöhen – *Havside Bjerge* – beachtliche 23 Meter, wobei sich hier eine bizarre, ja chaotische Dünenwelt gebildet hat, die neben vielerlei Sandformationen auch botanische Entdeckung ermöglicht. 1606 wurde über Fanø berichtet: »Das Land hat nur zwei arme Fischerdörfer und ist in sich selbst sehr vom Sand verdorben . . .« Damals ahnte noch niemand, daß gerade dieser Sand später die Blüte der Insel in unserem Jahrhundert bewirken würde. Übrigens ist Fanø an seiner Westküste im Verlauf des letzten Jahrhunderts ständig gewachsen.

Ursprünglich gehörte Fanø zum Krongut des dänischen Königs. Eine Anekdote berichtet nun, daß der König eine Geldknappheit dadurch zu beheben dachte, daß er die Insel verkaufte. Eine Versteigerung war für 1741 angesetzt. Hauptinteressenten waren die reichen Kaufleute von Ribe, die schon damals für Handel und Wandel mit der Insel zuständig waren – Esbjerg gab es ja noch nicht! Die Fanøer Bauern und Fischer fürchteten nun, daß die Riber zwar die Insel kaufen, den Versteigerungspreis dann aber durch Steuern wieder hereinbringen würden. Da kamen die Leute von Fanø auf eine Idee.

In Esbjerg dreht sich (beinahe) alles um Hafen und Fischerei

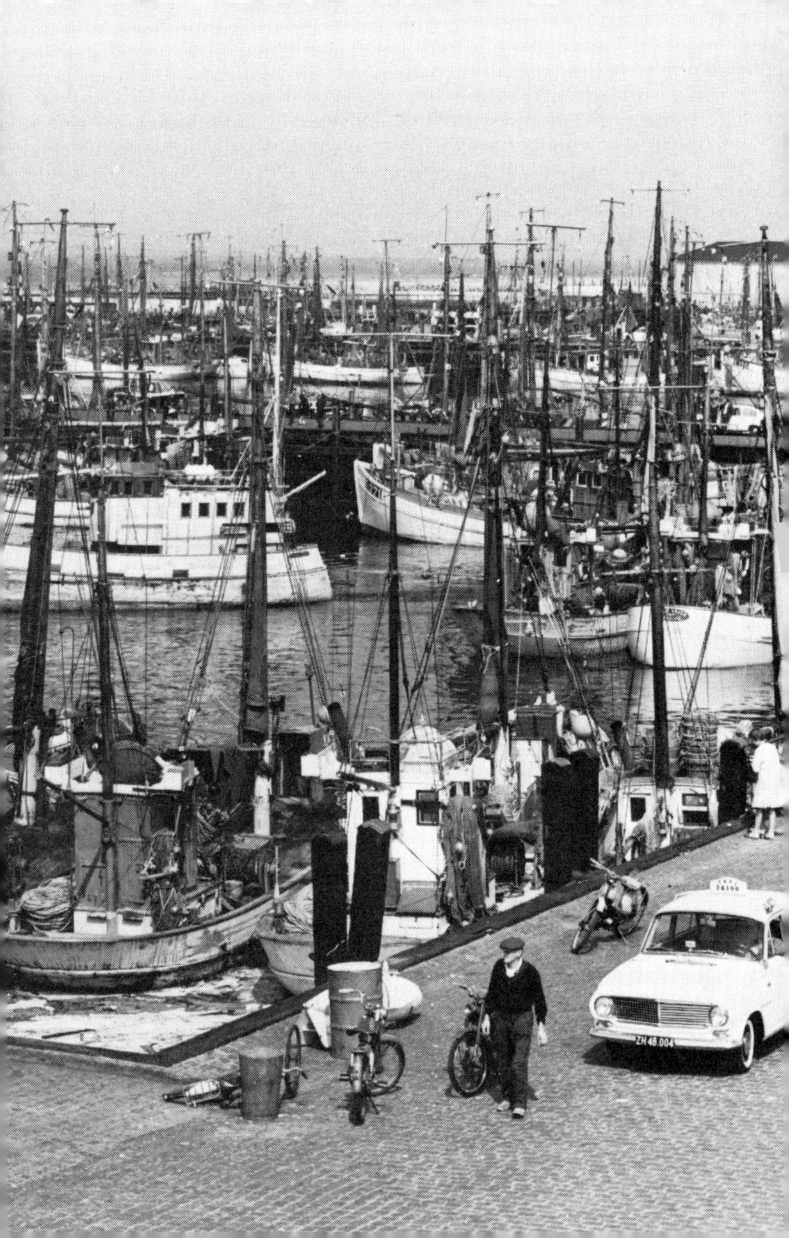
ZH 48.004

Sie segelten am Abend vor der Versteigerung in Begleitung ihrer schönsten Mädchen nach Ribe. Die Kaufleute begannen, mit den Inselmädchen zu feiern und dabei tiefer ins Glas zu schauen, als ihnen gut war. Die Mädchen animierten sie dabei kräftig. Als die Kaufleute dann nicht mehr ganz Herr ihrer Sinne waren, stellten die Mädchen all ihre Uhren um eine Stunde zurück. Als nun am nächsten Morgen pünktlich um 8 Uhr die Versteigerung begann, waren die Kaufleute nicht zur Stelle. Lediglich der Gutsbesitzer von Trøjborg bei Tønder war erschienen. Während einige starke Fanømenschen ihn in Schach hielten, machten die Fanøer die Versteigerung kurzerhand unter sich aus und kauften für 70 000 Reichstaler ihre eigene Insel. Man kann sich die Gesichter der genarrten Riber Kaufleute vorstellen. Die Geschichte soll wahr sein. Jedenfalls erhielten die Fanøbewohner durch diesen Kauf auch das Recht, selbst Schiffe zu bauen. Mehrere Werften entstanden, und zwischen 1741 und 1900 liefen auf Fanø rund 1000 Segelschiffe vom Stapel. Vor allem aber wurden die Fanøer nun von Fischern zu Schiffern. Noch vor 100 Jahren war Fanø Heimathafen für 159 Segelschiffe. 1822 war zu lesen, daß »alle rustigen Männer außer Pfarrer, Küster, 13 Bauern und einzelne andere zur See fahren«. Dabei bestand zwischen den beiden Inselorten Sønderho und Nordby eine lebhafte Konkurrenz. Der damals erreichte Wohlstand spiegelt sich heute noch in den alten Häusern wider.

Während der Mann auf See war, betreute die Frau neben den Kindern auch eine kleine Landwirtschaft. Im Winter war der Mann dann meist daheim. Aber wenn Sie sich das *Denkmal* beim Friedhofseingang an der Ausfahrt von Nordby mit 20 großen Findlingen ringsum anschauen, dann entdecken Sie auch den Preis, den der Wohlstand gefordert hat: Zwischen 1872 und heute kamen mehr als 500 Seeleute nicht zurück – das Meer behielt sie. In einem Jahr wurden einmal 40 Frauen Witwen! In den letzten Jahren sind die Eintragungen spärlich geworden, und der 20. Stein ist noch frei. Das zeigt zugleich an, daß die Fanøer wieder einmal den Blickpunkt vertauscht haben: Seit der Jahrhundertwende tritt der Fremdenverkehr in den Vordergrund.

Ursprünglich besaß die Insel einen mondänen, ja exklusiven Badebetrieb. Aber das hat sich längst geändert. Heute ist Fanø ein Ziel für jedermann. Das verdankt es seinem an der Westseite gelegenen breiten und festen Strand mit den herrlichen Dünen dahinter, die in einer Länge von etwa 18 Kilometern eine Breite von ein bis zwei Kilometern besitzen. Daher hat der Fanø-Slogan »Jedem Gast seine Düne« durchaus eine Berechtigung. Wie auf Rømø ist auch Fanøs Strand in 18 Kilometer Länge mit Autos befahrbar. Wie glatt und eben er ist, läßt sich daran erkennen, daß 1924 hier der Autorennfahrer Malcolm Campbell (dessen Namen wohl nur noch die Älteren kennen) eine Weltrekordfahrt durchführte: Er erreichte 240 Stundenkilometer, was heute mancher Gast – wenn es erlaubt wäre – beinahe schon mit einem Serienwagen erreichen könnte.

Fanø hat als Urlaubsziel mehrere Vorzüge. Vom ersten war schon die Rede: Strand und Dünen nach Herzenslust und niemals ein Gedränge von Badelustigen. Der Meeresboden fällt nur sehr langsam ab, wobei sich drei Sandbänke folgen. Dadurch können Kinder hier ganz gefahrlos baden und spielen. Von den Inselorten zeigt vor allem *Sønderho* das malerische Kolorit der Vergangenheit. Anders als Rømø ist Fanø teilweise mit Bäumen bepflanzt oder bewaldet. Die Staatsplantage von 100 Hektar Umfang besitzt ein *Vogelreservat* und den über 20 Meter hohen Aussichtspunkt des *Paelebjergs*. Nur noch gelegentlich freilich kann man die für Feste reservierten Trachten der Fanø-Frauen und -Mädchen bewundern. Ursprünglich wurden acht plissierte Röcke übereinander getragen, wobei das Plissieren im Backofen des Bäckers erfolgte. Heute trägt man »nur« noch drei Röcke. Schon das weibliche Baby bekam ein Kopftuch. Die Tracht, die – ebenso wie die Delfter Kacheln der Stuben – von Holland mehr oder minder übernommen war, zeigte zugleich an, ob ein Mädchen ledig, verlobt oder verheiratet war. Da früher durchweg inselintern (häufig Vetter und Cousine!) geheiratet wurde, war das freilich auch sonst bekannt.

Sie kommen, wenn Sie mit oder ohne Wagen das Fährschiff von Esbjerg verlassen, in *Nordby* an, mit rund 2000 Einwohnern der größte Inselort, dessen *Seemannskirche* aus dem Jahr 1786 stammt. Im *Museum* (Öffnungszeiten im Sommer 14 bis 17 Uhr und im Juli zusätzlich von 10 bis 11.30 Uhr), einem typischen 200 Jahre alten Fanøhaus, können Sie die große Zeit der Fanøer Seefahrer nacherleben. Außerdem ist in der Hauptstraße eine *Trachtenausstellung* zusammen mit *Schiffsmodellen* An der Langen Linie zu besuchen. Zwei Häuser neben dem über 300 Jahre alten behaglichen »Hotel Krogården« blickt seit 1973 die Galionsfigur der »Sixtus«, 1905 bei den Falklandinseln gestrandet, auf Nordbys Hafen. Die »Sixtus« war das größte Segelschiff Fanøs.

Zur Westseite der Insel hin liegt drei Kilometer von Nordby der eigentliche Badeort: *Vesterhavsbad* (also: Nordseebad) mit Ferienzentrum und verschiedenen Hotels, auch Campingplätzen. Zwischen hier und Rindby, einer Ferienhaussiedlung, wimmelt es von Campingmöglichkeiten. Von Vesterhavsbad können Sie dann den Strand entlang fahren, bis Sie bei Sønderho wieder auf feste Straße gelangen.

Dieses *Sønderho* ist ein Gedicht von Dorf. Früher einmal lag hier eine stattliche Flotte von Segelschiffen. An diese Zeit erinnert das Ortsmuseum »*Hannes Hus*« (im Sommer von 14 bis 17 Uhr geöffnet) in einem typischen Heim der Seefahrerzeit. Viele der reetbedachten, behaglichen Häuser stehen unter Denkmalschutz. Im 300 Jahre alten, anheimelnd gekachelten Kro, kann man stilvoll essen und auch die Spezialität der Insel, das Fanøbrot, kosten. Die *Kirche* wurde 1782 erbaut. In ihrem Inneren befinden sich originelle *Schiffsmodelle*.

Zwischen Nordby und Sønderho besteht für alle, die ohne Wagen hier sind, Busverkehr. Auch zu Pferde läßt sich die Insel entdecken. Wer will, kann auch aus der Luft auf dem Flugplatz bei Vesterhavsbad – Privatmaschinen und Lufttaxis – landen. Sportliche Attraktion der Insel ist der 18-Löcher-Golfplatz, der gleichfalls nahe Vesterhavsbad liegt, wo sich auch Tennisplätze finden.

Mit Fanø (und Rømø) haben Sie den ersten Vorgeschmack auf die Nordseeküste Jütlands bekommen, denn »richtig« fängt sie erst nördlich von Esbjerg an. Aber das lesen Sie in einem eigenen Kapitel (Seite 65). Hier soll Ihnen Jütland nur als ein Ausflugsziel von Norddeutschland her vorgestellt werden.

An die Ostsee mit dem Kleinen Belt

Um Jütlands Ostküste kennenzulernen, tun Sie gut, die Autobahn an der ersten Ausfahrt auf dänischem Boden zu verlassen. Auf der Fahrt in östlicher Richtung kreuzen Sie die B 76, die in Jütland als A 10 von Kruså aus nördlich läuft. Die A 8 führt Sie östlich bzw. nordöstlich – und zwar zunächst parallel zur Flensburger Förde – auf die Insel Als (Alsen).

Allerdings: Reizvoller als die Fahrt auf der A 8 ist deren erste Abzweigung, hinter Kruså nach rechts, mit der Sie als ersten Ort *Kollund* erreichen: Für Flensburger beliebtes Ziel eines kurzen Schiffstrips nach Dänemark, bei dem man in Kollunds guter »Konditori« das köstliche dänische Gebäck einkaufen kann. Die Küstenstraße, rund zehn Kilometer ostseenah, entzückt durch den Ausblick über die Förde bis hinüber nach Glücksburg. Auch ein paar Inselchen liegen im Wasser. *Sønderhav* hat den ersten bescheidenen Strand. In *Rinkenaes,* wo Ihre Küstenstraße sich wieder mit der A 8 vereinigt, begegnet Ihnen die erste der typischen Dorfkirchen. Kurz danach, bei *Alnor,* haben Sie die Wahl zwischen zwei Strecken. Auch wenn Sie sich für die Weiterfahrt auf der A 8 entscheiden, müssen Sie unbedingt den kurzen Abstecher nach *Gråsten* (links) einschieben. Bei diesem Städtchen besitzt die dänische Königin ihre Sommerresidenz. Das *Schloß* entstand bereits um 1500, wurde Anfang des 18. Jahrhunderts barock umgebaut, erlitt aber durch einen Brand erhebliche Zerstörungen. 1759 wurde es in der heutigen Form errichtet. Seit 1935 zieht die dänische Königsfamilie regelmäßig im Sommer hierher. Verstehen kann man es. Von ihrer An- oder besser von ihrer Abwesenheit hängt es ab, ob Sie Gelegenheit haben, den reizvollen Schloßpark zu besichtigen, der in englischem Stil angelegt ist. Jederzeit betreten können Sie jedoch den westlich anschließenden Wald, der 700 Hektar einnimmt.

Wenn Sie zur A 8 zurückkehren, gelangen Sie über die Brücke bei Egernsund nach dem Landstädtchen *Broager* mit seiner sehenswerten *Kirche* aus dem 12. Jahrhundert, deren zwei Türme das Stadtbild bestimmen. In ihrem Inneren fällt die geschnitzte Gruppe vom »Kampf des St. Jürgen mit dem Drachen« ebenso auf, wie Sie die Fresken des 16. Jahrhunderts bemerken werden. Der Parkplatz bei der Kirche orientiert auf Tafeln über Ausflugsziele in der Umgebung. Nahe der Kirche liegt eine aus Findlingen bestehende Gedenkstätte, die an Bürger von Broagerland erinnert, die im Ersten Weltkrieg für Deutschland gefallen sind.

Damit ist das Stichwort *Broagerland* gefallen. So nennt sich die Halbinsel, die nördlich der Flensburger Förde in die Ostsee reicht. An der Fahrstraße quer durch die Halbinsel liegt *Gammelgab*. Von hier aus kommen Sie nördlich nach *Dynt* mit den schönsten und höchsten Buchen Dänemarks, in denen eine Kolonie von Fischreihern lebt. Wenn Sie bis *Borreshoved* gefahren sind, stehen Sie an Jütlands südlichstem Punkt, den Sie sich merken sollten, da Sie bei Ihrer Tour durch Jütland später auch den nördlichsten anlaufen können. Südlich Broagerland haben Sie übrigens stets die etwa fünf Kilometer entfernte deutsche

Ostseeküste mit Langballigholz und Westerholz vor Augen. Zum Baden eignen sich besonders die Strände von *Brunsnaes* und *Vemmingbund.*

An der Bucht Vemmingbund stehen Sie zugleich an der historischen Stelle, von der aus 1864 die preußischen Kanonen übers Meer Dybøl (Düppel) und Sønderborg beschossen. Für Campingurlauber ist Broagerland ein ebenso ideales wie weltfernes Plätzchen. Sie werden dann auch entdecken, daß Broagerland besonders musikfreudig ist. Vielleicht beim Ringreiten, das zu den sommerlichen Festen gehört. Typische Industrie für Broagerland ist die Ziegelbrennerei, da reiche Lehmvorkommen vorhanden sind. Schon in Egernsund bemerken Sie die hochragenden Schornsteine der Brennöfen – nicht die einzigen.

Kehren Sie zur A 8 zurück. Sie führt nun in den Bereich der historisch umwitterten *Düppeler Schanzen,* der unter Denkmalschutz steht. Hier bei Dybbøl hatten die Dänen, um den Als-Sund vor Angriffen zu schützen, eine Befestigung errichtet, die am 18. April 1864 von den Preußen gestürmt wurde – eine wichtige Etappe preußisch-deutscher Geschichte unter Bismarck. Ein kleines *Museum* gibt Ihnen Gelegenheit, sich über die historischen Einzelheiten zu informieren: Es ist von 9 bis 17 Uhr (außer November/Dezember) geöffnet. Das gilt ebenso für die 68 Meter hoch gelegene *Windmühle,* die zugleich den Mittelpunkt eines *Nationalparks* mit allerlei Denkmälern und Aussichtspunkten bildet. Auch vier Kanonen zeigen sich martialisch und fotogen. Ebenso ist für Einkehr mit Hotel und Restaurant gesorgt.

Insel zwischen Jütland und Fünen: Als

Vielleicht werden Sie es, nachdem Sie Dybøls Attraktionen hinter sich gelassen haben, gar nicht bemerken, daß Sie mit der Einfahrt in die Stadt Sønderborg auf eine Insel kommen. Denn nur der schmalspaltige Als-Sund trennt die Insel Als hier vom Festland. Eine Klappbrücke, die beim Passieren von Schiffen durch den Sund die Weiterfahrt für Autos blockiert, verbindet Als und Sønderborg mit dem übrigen Jütland. Die Brücke wurde 1930 erbaut, ist 324 Meter lang und überragt den Wasserspiegel um sieben Meter. Benannt wurde sie nach König Christian X., dem Nachfolger von Christian IX., dessen Büste Sie eben noch bei Dybøl erblickt haben.

Als bietet sich allen Insel-Fans an, die von der Bundesrepublik aus eine Insel ohne Seereise erreichen wollen, und ist mit 315 Quadratkilometer die größte aller Jütland vorgelagerten Inseln. 50 000 Einwohner leben hier (zum Vergleich: die deutsche Ostsee-Insel Fehmarn umfaßt 185 Quadratkilometer und hat 14 000 Einwohner). Allerdings muß man gerechterweise sagen, daß rund die Hälfte der Als-Bewohner in der Stadt Sønderborg lebt, so daß die übrige Insel weniger dicht besiedelt ist.

Als wird entweder von Urlaubern aufgesucht, die hier einige Strände finden, oder aber – das gilt vor allem für Dänen – von Reisenden, die über die Häfen der Insel weitere Ziele im Auge haben. Sie können nämlich von *Fynshav* – wie der Name schon ahnen läßt – das Fährschiff zur Insel Fünen (dänisch: Fyn) benutzen, die Sie in 45 Minuten erreichen. Oder aber Sie schiffen sich in *Mommark* zur Fahrt auf die Insel Aerø ein. Das ergibt zwangsläufig einigen Durchgangsverkehr, der allerdings nur die beiden Hauptstraßen zur Ostküste betrifft.

Ich möchte Ihnen Als gewissermaßen ans Herz legen; denn es ist eine hügelige und daher nirgends eintönige Insel mit freundlichen weißen Kirchen, gepflegten Reetdachkaten, weithin unverfälschter Natur, viel Landwirtschaft und dazu ein paar sympathischen Städten. Darüber hinaus hat die Insel auch Wald, darunter den *Nørreskov* mit seinen Buchen als bedeutendsten. Er liegt im Nordostteil der Insel und läßt sich prächtig durchwandern. Vor allem aber: Von den rund 800 *Hünengräbern,* die über Als verteilt sind, liegen rund 250 in diesem Waldgebiet und erinnern an die Menschen, die hier vor 4000 bis 4500 Jahren lebten. Selbstverständlich können Sie auch baden. Allerdings handelt es sich um nicht allzu breite Naturstrände, von denen *Skovmose* (mit Ferienhäusern und Camping) noch am besten ist.

Ein Fall für sich ist *Kegnaes.* Wenn Sie auf die Karte schauen, werden Sie entdecken, daß diese »Nase« im Süden von Als wie eine Birne am Stiel als Halbinsel von der Insel absteht. Man muß über eine schmale Landzunge von Drejby hinfahren. Machen Sie sich aber keine Illusionen, daß Sie hier besonders schöne Strände anträfen. Die sind bescheiden und mittelmäßig, aber dafür ist es auch schön ruhig. Von den beiden Kegnaes-Orten besitzt *Sønderby* eine erhöht erbaute Kirche aus dem Jahr 1615 und beweist durch einige liebevoll restaurierte alte Katen und moderne Häuser, daß sich hier Menschen mit Geschmack ein entlegenes Refugium gesucht haben.

Größte Stadt der Insel Als ist *Sønderborg* mit 25 000 Einwohnern. Bedeutendstes Bauwerk der Stadt ist ihr *Schloß,* dessen Ursprünge als Festung bis aufs 12. Jahrhundert zurückgehen. An der Hafeneinfahrt sollte es den Sund bewachen. Im 14. und 15. Jahrhundert wurde es erweitert, im 16. Jahrhundert umgebaut. 1570 ließ die königliche Witwe Dorothea eine Kapelle bauen, die Dänemarks älteste Renaissancekapelle darstellt und innen reich ausgestattet ist. Wenn Sie die sechs Kanonen und zwei mächtigen Anker auf dem Schloßvorplatz bewundert haben, sollten Sie das *Museum im Schloß* besuchen, das von 10 bis 17 Uhr geöffnet ist (im Winter: 13 bis 16 Uhr). Es beleuchtet die Geschichte des südlichen Jütland und der Insel Als, dabei auch die deutsch-dänischen Zwistigkeiten bis hin zum Zweiten Weltkrieg, und zeigt Interessantes aus Kulturgeschichte und Kunst. Vor oder nach dem Schloßbesuch können Sie die Strandpromenade genüßlich entlangbummeln, die in östlicher Richtung am Schloßpark entlang und dann auf schönen Laubwald zuführt. An der Promenade ist eine Badeanstalt angelegt.

Höhepunkt im Jahresablauf ist für die Sønderborger das zweite Wochenende im Juli, das mit einem viertägigen *Volksfest* verbunden ist. Im Mittelpunkt stehen ein Reiterumzug mit 300 Reitern am Sonntag und Dienstag und die Pflege der alten Tradition des *Ringreitens,* das in ganz Südjütland seit Jahrhunderten üblich ist. Das Sønderborger Fest ist das bedeutendste dieser Art in ganz Nordeuropa. Es ist den alten Ritterspielen des Mittelalters nachempfunden, deren Sieger zum König gekrönt wurde. Vielleicht sind Sie gerade in der Nähe oder richten Ihren Reisetermin entsprechend ein . . .

Von Sønderborg aus können Sie entweder die südliche Straße am Fischerdorf Høruphav und an den Mühlen von Vibaek (Wind- und Wassermühle) vorbei nach *Skovby* und weiter nach *Kegnaes* einschlagen oder die Straße nach *Mommark* wählen, die zum dortigen Feriengebiet mit klitzekleinem Strand, Jachthafen und Campingplätzen führt. Wenn Sie noch vor Mommark die Straße parallel zur Küste nach Norden nehmen, stoßen Sie auf den Wegweiser zu *Blommeskobbel,* einer prähistorischen Stätte mit zwei *Langgräbern* von etwa 40 Meter Länge und drei *Rundgräbern*. Auf der weiteren Strecke können Sie in *Asserballe* den Pfarrhof besuchen: Hier wurde der Dichter Hermann Bang geboren.

Besonders hübsch ist der Fachwerkbau des Pfarrhofs von Notmark.

Diese Ziele erreichen Sie übrigens auch, indem Sie ab Sønderborg auf der A 8 nach *Fynshav* fahren. Dabei passieren Sie die zweitwichtigste Stadt von Als: *Augustenborg.* Hier baute 1651 Herzog Ernst III. ein Schloß, nachdem er dafür das dort gelegene Dorf hatte abreißen lassen. Der ursprüngliche Fachwerkbau wurde 1770 bis 1776 durch einen weit prächtigeren ersetzt. Der wurde allerdings, nachdem er im vorigen Jahrhundert noch ein Mittelpunkt des künstlerischen und kulturellen Lebens von Dänemark gewesen war, zum Lazarett, zur Kaserne und zum preußischen Lehrerseminar umfunktioniert. Heute dient er als Nervenheilanstalt. Was würde Märchendichter Hans Christian Andersen dazu sagen, der hier einst als Gast am Hofe weilte? Bedeutendste Sehenswürdigkeit ist die *Kapelle* mit einer ungewöhnlichen Rokokokanzel und einem Marmortaufbecken, das 1807 vom russischen Zaren geschenkt wurde. Vom Schloß abgesehen, präsentiert sich Augustenborg als idyllische Kleinstadt, die in Dänemark durch ihren heilsamen Magenbitter einen eigenen Ruf genießt.
Nordöstlich an Fynshav schließt sich der schöne Wald von *Nørreskov* an, in dem Sie immer wieder auf Hünengräber stoßen. Für eine Einkehr kommt der hübsch gelegene »Frydendal Kro« in Frage, wo Sie auch übernachten können. Ihr Weg in den Norden von Als führt an den bedeutenden Industrieanlagen von Danfoss vorbei, wo automatische Regelgeräte, u. a. Thermostaten für Heizungen, entstehen. 5000 Mitarbeiter sind hier tätig. Das nahe Dorf *Svenstrup* ist Mittelpunkt einer stattlichen Ansammlung weiterer Hünengräber. Sehens- und besichtigungswert: die Windmühle von *Havnbjerg.*
Nun sind Sie schon nahe bei *Nordborg,* das sich um das aufs 12. Jahrhundert zurückgehende *Schloß* entwickelte. Dieses wehrhafte Schloß wurde Mitte des 17. Jahrhunderts im Krieg zerstört und im folgenden Jahrhundert weitgehend abgerissen. Erhalten blieb ein 1678 angelegtes Gebäude, das heute der Volkshochschule dient. Wenden Sie sich an der Rückseite ins Treppenhaus: Dort zeigt Ihnen ein Gemälde das Wasserschloß, wie es sich im 17. Jahrhundert darstellte. Davon abgesehen, ist Nordborg mit winkligen Gassen und altertümlichen Häusern recht anziehend.
Für Freizeit stehen nördlich von Nordborg mehrere Campingplätze zur Verfügung. Fahren Sie in westlicher Richtung zur Bucht von Holm-Dyvig (mit dem Ausflugslokal »Dyvig Kro«), die wie der Jachthafen von *Oldenor* auch von deutschen Seglern angelaufen wird.

Falls Sie die Rückfahrt über die Insel Als nach Sønderborg scheuen, können Sie den Anschluß ans Festland mit der Fähre gewinnen, die von Als nach Ballebro – Fahrzeit acht Minuten – in kurzen Abständen verkehrt. Vom Als-Fjord gelangen Sie dann über Varnaes zum Åbenrå-Fjord und auf die A 10 südlich von Åbenrå.

Im Zuge der Autobahn

Ein Stück führt Sie die Fortsetzung der deutschen Autobahn A 7 auf jütländischem Boden nach Dänemark hinein: Nach dem Stand von 1979 endet sie 36 Kilometer hinter Flensburg beim Abzweig Østerløgum und führt durch einsames Gebiet. Auffallen wird Ihnen, daß der Mittelstreifen merklich breiter ist als auf der deutschen Seite, was die Strecke großräumiger wirken läßt. Da die Autobahn Sie erst hinter Åbenrå (Apenrade) entläßt, geht Ihnen einiges an Sehenswertem des südlichsten Jütland (»Sønderjylland« nennen es die Dänen, was nichts »Sonderliches« ist, sondern einfach »Süd« bedeutet) verloren. Wer es nicht ausgesprochen eilig hat, tut besser, auf der »alten« Strecke, also der A 10, zu fahren, die Sie ja beim Ausflug zur Insel Als bereits gekreuzt haben. Kruså heißt der grenznächste Ort Jütlands.
Sie fahren durch Heidegebiete und Nadelwäldchen. Der See zur Linken gehört zum alten Herrensitz Søgard, der freilich heute als Kaserne dient. Schön ist die Landschaft um den folgenden *Hostrup See.* Kurz danach können Sie nach links abzweigen, um Kurs auf *Urnehoved* zu nehmen. Das ist ein alter *Thingplatz* aus mittelalterlicher Zeit, dessen Geschichte – in dänischer Sprache – auf den Steinen geschildert ist. Ein Stück nördlich gelangen Sie nach *Rise* in der Nähe von Rødekro. Die Rise-Kirche in der Umgebung der alten Heerstraße war für die mittelalterlichen »Touristen« – Händler, Pilger, Viehtreiber – ein beliebter Halteplatz.
Bevor Sie mit Åbenrå die Reihe der Hafenstädte der jütländischen Ostküste beginnen, rate ich Ihnen zu einer Fahrt ins Landesinnere nach *Løgumkloster.* Das können Sie übrigens auch von Tønder aus gut erreichen. Wie eng hier in Schleswig die Bande über die Grenze sind, sehen Sie daraus, daß es als Gegenstück zum jütländischen Løgumkloster in Schleswig-Holstein (nördlich von Niebüll) ein Süderlügum gibt. Um diese Zusammengehörigkeit zu erkennen, brauchen Sie kein Sprachforscher zu sein.

Løgumklosters Bedeutung liegt in seiner *Klosterkirche,* um 1200 von Zisterziensern errichtet. Das ist ein großartiger Backsteinbau, in dem sich romanische und gotische Stilelemente harmonisch vereinen. Auch ein Teil des Klosters ist im Anschluß an die Kirche erhalten. Um diesen Kern entwickelte sich der Ort von heute mit 2000 Einwohnern. In der Kirche befindet sich der um 1300 gestaltete älteste gotische Flügelaltar Dänemarks; sie dient heute als Pfarrkirche. Die modernen Gebäude in der Umgebung sind als »Refugium« eingerichtet, das auf Voranmeldung jedermann zur besinnlichen Muße geöffnet wird. Ein *Museum* zeigt die Werke der Graphikerin Olivia Holm Möller (1875 bis 1970). Das neue Løgumkloster begegnet Ihnen mit einem Turm und einem Glockenspiel von 49 Glocken (von König Frederik IX. gestiftet), das melodisch die Stadt und den Springbrunnen mit Farbfontänen übertönt.

Einst hieß es Apenrade

An der jütländischen Ostküste ist Åbenrå, zwischen 1864 und 1920 Apenrade benannt, mit seinen über 20 000 Einwohnern die erste größere Stadt. Fischer und Seefahrer waren beteiligt, seit das Fischerdorf am Fjord, das 1335 Stadtrecht erhielt, hier aufblühte. Noch heute läuft eine stattliche Handelsflotte im Hafen ein und aus. Zusätzlich wurde im 17. und 18. Jahrhundert hier die Silberschmiedekunst betrieben. Ein Brand im 17. Jahrhundert hat leider einen Teil der Altstadt vernichtet. Erhalten blieben aber die *St. Nikolaikirche* des 13. Jahrhunderts, um die herum sich die älteren Stadtviertel ziehen, so am Vaegtersplads, und das 1411 erbaute *Schloß* Brundlund, das seine eigene Wassermühle besitzt. Es wurde vielfach umgebaut und dient heute als Wohnsitz des Amtmanns. Sie finden es im Süden der Stadt. Achten Sie in der Slotsgade auf die typischen Erkerhäuser!

Der zehn Kilometer ins Land hineinragende Fjord, der beidseitig von bewaldeten Hügeln begrenzt ist, bot ideale Voraussetzungen für Fischer und Schiffer. So stehen im Stadtwappen symbolisch drei Makrelen. An die Schiffahrt knüpft auch das *Museum* (außer Montag, täglich im Sommer von 10 bis 12 und 14 bis 18 Uhr, sonst nur bis 17 Uhr) an, in dem es mehr als 200 »Buddelschiffe«, in Flaschen untergebrachte Schiffsmodelle, gibt. Mehr als das: Die Sammlungen reichen von der Vorgeschichte bis zu Schiffahrtsentwicklung und dänischer Kunst.

Im Bereich des Kleinen Belt

Die Landschaft wird bei der Weiterfahrt auf der A 10 in nördlicher Richtung hügelig, mit Höhen, die nahe an 100 Meter heranreichen und daher hier und da schöne Ausblicke auf den Kleinen Belt ermöglichen. Wichtigste Erhebung ist dabei der 97 Meter hohe *Knivsbjerg,* rechts der Straße. Er ist alljährlich Versammlungspunkt der hier in Nordschleswig lebenden deutschen Minderheit. Außerdem besteht eine *Freilichtbühne,* auf der in jedem August deutschsprachige Aufführungen des »Hamlet« stattfinden. Zahlreiche kleinere Straßen führen von hier zum Meer, etwa zur Genner-Bucht mit Campingplätzen oder zur Halbinsel Sønderballe Hoved, von wo Sie im Kleinen Belt die Insel Barsø erblicken, zu der auch eine Fährverbindung besteht.

Ganz anders als der Fjord von Åbenrå zeigt sich der von *Haderslev*: Er schneidet als ein schmales gewundenes Band 16 Kilometer tief ins Land, an dessen Ende die Stadt mit dem deutschen Namen Hadersleben schon 1292 Stadtrecht erhielt. Heute hat sie es auf annähernd 30 000 Einwohner gebracht. Aber ihre Geschichte ist nicht ganz freudvoll: Mehrere Male, darunter im Dreißigjährigen Krieg durch Wallensteins Truppen, wurde sie zerstört. Was von den für den Rang der Stadt wichtigen Schlössern Haderslevhus und Hansborg nicht von den Schweden zerstört worden war, wurde abgerissen. Dennoch blieb im alten Stadtkern ein Bestand von traditionellen Häusern, unter ihnen die *Hirschapotheke* von 1557. Wichtigstes Bauwerk ist die *Domkirche,* die im 13. und 14. Jahrhundert aus Backsteinen gotisch errichtet wurde. Im Inneren (geöffnet von 10 bis 18 Uhr) eine barocke Kanzel von 1636, außerdem ein Taufstein aus Erz von 1485.

Zwei Museen rechtfertigen den Besuch. Im *Reithaus* aus der Zeit um 1700 befindet sich die »schleswigsche Wagensammlung« mit alten Pferdekutschen. Allerdings ist es lediglich im Juni (10 bis 15.30 Uhr, außer Samstag) und Juli (lediglich an Sonntagen von 14 bis 17 Uhr) geöffnet. Das Museum enthält archäologische Sammlungen, darunter

Blick auf die Domkirche Haderslevs (Hadersleben) aus dem 13./14. Jahrhundert

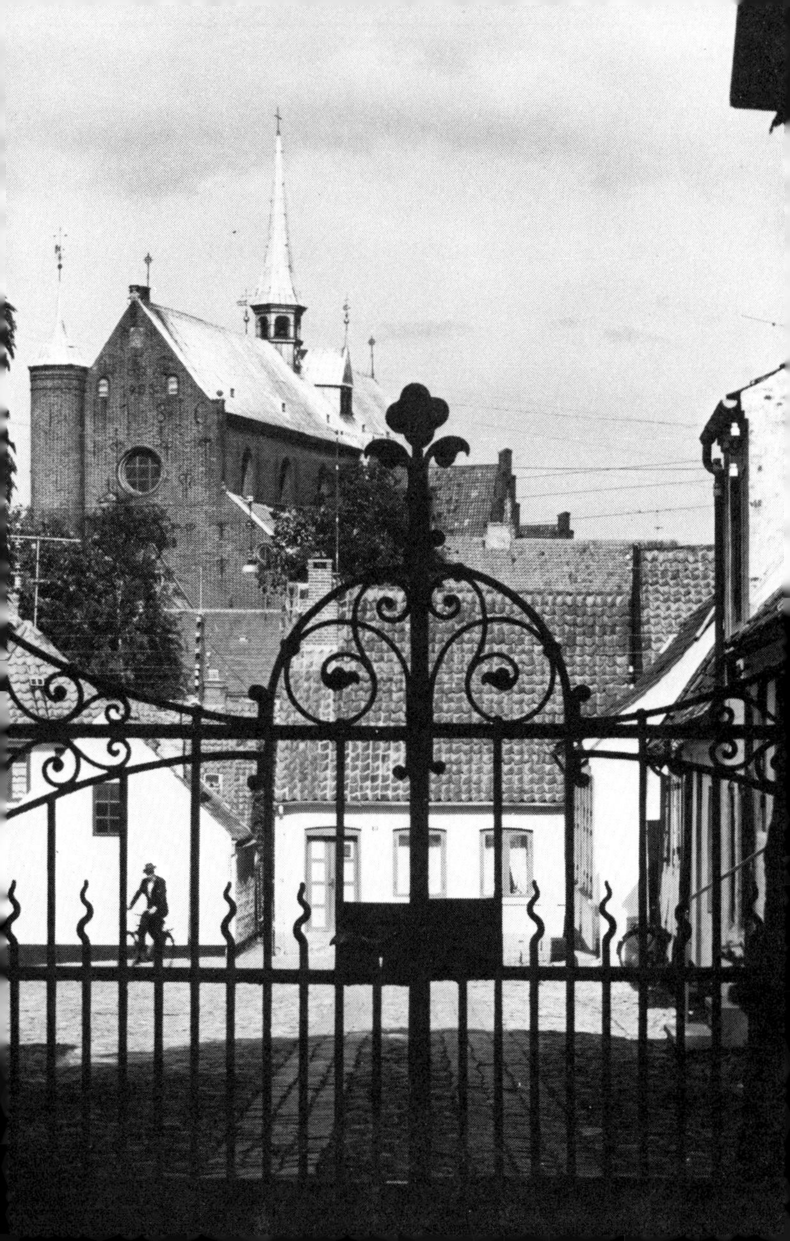

eine Kopie der Kleidung des bei Skydstrup gefundenen Mädchens aus der Bronzezeit. Besonders lohnend aber ist die *Freilicht-Abteilung,* die typische Bauernhäuser und eine alte Bockmühle zeigt. Öffnungszeiten ganzjährig 10 bis 16.30 Uhr an Werktagen einschließlich Samstag sowie 13 bis 16.30 Uhr am Sonntag, dazu zusätzlich am Donnerstag 19.30 bis 21.30 Uhr.

Eine Besonderheit von Haderslev ist sein 250 Hektar großer, langgestreckter See, der *Dam,* an dem Sie bei Benutzung der Umgehungsstraße auch im Zug der A 10 vorüberkommen. Ihm ist ein 13,5 Hektar großer Park angeschlossen. Im Sommer fährt ein Motorboot über den fünf Kilometer langen See, man kann auf ihm rudern oder angeln. Den schönsten Blick auf den Dam haben Sie vom 72 Meter hohen Wasserturm (Erlaubnis einholen: Jomfrustien 46). Wenn Sie gerade an einem Samstag hier sind: Da marschiert um 10.30 Uhr eine Kompanie von der Kaserne durch die Altstadt zum Dom und wieder zurück – natürlich mit »klingendem Spiel«.

Um eine Bademöglichkeit im Meer zu finden, müssen Sie ein Stück nach Osten fahren, vielleicht nach Årøsund, wo Sie entweder baden oder auch mit der Fähre zur 12 Quadratkilometer langen Insel *Årø* (16mal täglich) fahren können, wo es einen Kro und Campingmöglichkeit und an der Halbinsel Årø Kalv schönen Sandstrand gibt. Auch wenn Kelstrup Strand, Årøsund und Hejlsminde sogenannte Badehotels besitzen, sind die Strände dabei nicht unbedingt erste Wahl und häufig auch mehr oder minder vertangt. Mehrere Campingplätze lassen sich längs des Kleinen Belt bis Kolding finden.

Das Hinterland von Haderslev – Sie befinden sich hier ungefähr auf der Höhe von Ribe (siehe Seite 38 ff.), von wo sich ähnliche Ausflugsmöglichkeiten bieten – weist mit Vojens und Gram in westlicher Richtung zwei wichtige Städtchen auf. *Vojens,* 6000 Einwohner, war bis 1920 der wichtige Grenzübergang, an dem Dänemark und das Deutsche Reich sich begegneten. Heute wird hier Blutplasma hergestellt. Außerdem besitzt Vojens mit Europas modernster Speedway-Bahn, einer überdachten Eishalle und einer Go-Cart-Bahn ausgesprochene Freizeit-Vorzüge.

Auf halber Strecke zwischen Haderslev und Vojens liegt in Hammelev der empfehlenswerte »Tørning Kro« (Motel). Bei der Weiterfahrt von Vojens nach Westen passieren Sie ein Gebiet mit prähistorischen Besonderheiten. Bei Skydstrup wurde das konservierte Skydstrup-

Mädchen gefunden, dessen Gewand Sie in Haderlevs Museum sahen.
Über die Wegkreuzung von Gabøl erreichen Sie auf Westkurs den Ort
Gram, 2000 Einwohner. Seine Lage inmitten einer grünen Landschaft
mit den Binnenlandsdünen von Årup und sein hübsches *Schloß* (mit
Slotskro) mit Park, das aus einer mittelalterlichen Burg im 16. und 17.
Jahrhundert entstand, machen es ebenso anziehend wie die urige Gemütlichkeit seines alten Kro. Im Schloß befindet sich außerdem ein
Museum, der Schloßpark liegt hübsch am See und ist zugänglich.
Grams *Kirche* weist im Inneren eine Altartafel der Renaissance und
Herrschaftsstühle von 1697 auf.
Machen Sie aus Ihrem Abstecher von Haderslev eine Rundtour, indem Sie von Gram nördlich nach *Rødding* fahren, das – wie bereits erwähnt – Sitz der dänischen Volkshochschulbewegung wurde. Auf der
Rückfahrt in östlicher Richtung passieren Sie *Jels* in einem schönen
Seengebiet, dessen Wald Troldeskoven bizarre Nadelbäume aufweist.
Mit der alten Burganlage von Jels Voldested beggenen Sie einem früheren Sitz eines Wikingerhäuptlings, der im Mittelalter zu einer Burganlage umgebaut wurde. Lassen Sie sich auch die Mühle »Jels Mølle«
nicht entgehen, die vom Nationalmuseum restauriert wurde und damit
zu den typischsten Windmühlen Dänemarks gehört.
Entweder kehren Sie von Jels nach Haderslev zurück oder schenken
sich ein Stück der A 12, indem Sie direkt nach Osten auf *Christiansfeld*
zufahren. Dies Städtchen von 2000 Einwohnern verdankt seine Entstehung im Jahr 1773 den Herrenhutern. Die Anhänger dieser Brüdergemeinde kamen aus Sachsen, nachdem der dänische König ihnen
die neue Siedlung erlaubt hatte. So wuchs ein Gemeinwesen im brüderlichen Herrenhuter Geist auf, das sich durch Handels- und Industrieunternehmen hervortat. Christiansfelder Honigkuchen, die Sie
hier unbedingt probeweise kaufen müssen, sind in Dänemark ebenso
berühmt wie Nürnberger Lebkuchen in Deutschland. Achten Sie darauf, daß Sie nicht versehentlich der Umgehungsstraße folgen, sondern
biegen Sie nach Christiansfeld hinein ab.
Der Geist der Herrenhuter spricht nicht nur aus der Schlichtheit der
Bauten, sondern auch aus der 1776 errichteten Kirche, auch wenn sie
groß genug ist, um 3000 Gemeindemitgliedern Raum zu bieten. Das
einstige Herrenhuter Hospiz dient heute als Hotel. In ihm wurde 1864
der Waffenstillstand zwischen Dänemark und Preußen unterzeichnet.
Das *Museum* im »Witwenhaus« zeigt zahlreiche Beispiele der Mis-

sionsarbeit, u. a. aus Ostafrika. Öffnungszeit nur im Sommer: 10 bis 11.30 und 14 bis 17 Uhr.
Nach Herrenhuter Art sind auf dem Friedhof alle Grabsteine gleich, der Tod erlaubt keine Standesunterschiede. Außerdem liegen die Frauen auf der rechten, die Männer auf der linken Seite begraben . . .
Sie können weiter auf der A 10 bleiben und kurz hinter Christiansfeld damit die Umgehungsstraße, die als Autobahn ausgebaut ist, um Kolding wählen. Natürlich gibt es von da aus einen Abzweig in die Stadt. Außerdem aber führt eine Straße östlich davon unmittelbar nach Kolding hinein. Aber bevor Sie dahin gelangen, rate ich Ihnen – ein Stück hinter Christiansfeld – zu einem Abstecher auf die Küste hin, der Sie nach *Skamlingsbanken* führt. Das ist ein nationaler dänischer Gedenkplatz mit Denkmälern, der mit 113 Meter den höchsten Punkt des südlichen Jütland markiert. Die Aussicht reicht weit über den Belt hin in die Umgebung des Kolding-Fjords und bis nach Fünen hinüber.
Am liebsten möchte ich Sie, bevor Sie von Skamlingsbanken die 14 Kilometer nach Nordwesten bis Kolding fahren, noch zu einem Umweg an den Kolding-Fjord verleiten. Hier, östlich von Kolding, ziehen sich am nördlichsten Punkt des Kleinen Belt drei Waldgebiete hin: der Süd-, Mittel- und Nordwald (dänisch: *Sønderskov, Midtskov* und *Nørreskov).* Im Wasser davor liegt die Insel *Faenø,* die allerdings nur von Fünen aus zugänglich ist, das hier unmittelbar vor Ihnen liegt. Ein paar Campingplätze bestehen hier auch, obwohl Sie sich von den Stränden nichts versprechen sollten. Aber dieses Umland von Kolding ist so schön, daß man verstehen kann, warum es Leute gibt, die in Kolding oder dicht dabei gern Urlaub machen.

Kolding an der Schwelle nach Fünen

In Kolding bzw. an seiner Peripherie schneiden sich die Straßen, die Jütland von Süd nach Nord und von West nach Ost durchqueren. Über Kolding führt die A 1, jene Hauptader des dänischen Verkehrs, die von Esbjerg (s. Seite 42 ff.) nach Kopenhagen führt. Diese Bedeutung hat Kolding seit jeher gehabt, was den Rang der Stadt erklärt, auch wenn vor 1935 nur eine Fähre nach Fünen führte. Am Ausgang des Kolding-Fjords entstand bereits im Jahr 1208 die Festung Koldinghus, die vom 15. bis 17. Jahrhundert königliches Schloß war und auf ihrem

22 Meter hohen Hügel 1808 durch ein Feuer verwüstet wurde, als frierende spanische Söldner zu stark heizten. Heute ist man dabei, diese Urzelle der Stadt – sie ist auf annähernd 50 000 Einwohner angewachsen – nach und nach zu restaurieren. Aus der Kloster- und Handelsstadt des Mittelalters ist inzwischen ein Sitz von Industrie und Kunstgewerbe geworden.

Kolding strahlt auf den Besucher eine eigene Lebensfreude aus, wozu man nicht erst nachzählen muß, daß es hier 40 Restaurants gibt. Es flaniert sich angenehm durch die Fußgängerzone, von der aus man auf den Turm der alten *Festung* blickt. Es duftet im *Rosengarten,* wo 200 verschiedene Arten bunt und aromatisch blühen, wobei es sogar seit 1968 eine eigene Sorte der Koldinghus-Rose gibt. Damit sind Sie im Geographischen Garten (mit Rosengarten) im Südosten der Stadt, wo man 2000 Pflanzen aus aller Welt vereinigt hat und – in Europas größtem »Bambuswald«. Achten Sie auf die Wegweiser zu: *Den geografiske have,* im Juni und Juli von 9 bis 20 Uhr, im August von 9 bis 19 und im September sowie von Mitte April bis Ende Mai von 9 bis 18 Uhr geöffnet.

Es liegt nahe, daß in den hergestellten Teilen der Schloßruine ein *Museum* eingerichtet wurde: Möblierung, Kunst und Kunstgewerbe. Geöffnet von Mai bis Oktober von 10 bis 17 Uhr, sonst 12 bis 15 Uhr. Auch die Kirche der Stadt, die *St.-Nicolai-Kirche,* stammt aus dem 13. Jahrhundert. Allerdings wurde der gotische Backsteinbau inzwischen mehrere Male restauriert. Angefangen vom Sitz des Turistbureaus im alten Fachwerkhaus mit einem Giebel von 1589 (das einst Generationen von Schuhmachern bewohnten . . .), lassen sich am Markt (mit »Borchs Hof« aus dem Jahr 1589) und besonders in der Helligkorsgade allerlei Häuser aus dem 17. Jahrhundert betrachten.

Das neue Kolding lebt zu einem wesentlichen Teil auch von seinem Hafen, der sich den Einschnitt des Kolding-Fjords zunutze macht. Über ihn wird ein großer Teil des jütländischen Schlachtviehs exportiert. Seit 1935 die erste und 1970 die zweite Brücke über die Ausläufer des Kleinen Belt geschlagen wurden, die den bis dahin unvermeidlichen Fährverkehr ablösten, ist die östlich von Kolding gelegene Insel Fünen beinahe zu einem Anhang von Jütland geworden, auch wenn man das auf der Insel gewiß nicht gern hört. In jedem Fall ist Kolding als Drehpunkt und Ein- wie Ausgangspforte zum übrigen Dänemark von Bedeutung.

Folgen Sie von hier der A 1 ein Stück nach Westen hin, so erreichen Sie nach 20 Kilometer *Vejen*. Das ist der Augenblick, Sie darauf hinzuweisen, daß es mehrere Orte in Jütland gibt, deren Namen so ähnlich sind, daß man sie wahrhaftig verwechseln könnte. In Vojens (westlich von Haderslev) waren Sie schon. Nun sind Sie in Vejen. Nördlich von Kolding liegt Vejle. Nordwestlich von Esbjerg stoßen Sie außerdem noch auf Vejers mit Vejersstrand. Schließlich gibt es nahe dem Limfjord an der Nordsee auch noch Vejlby. Das sind insgesamt sechs Namen, die sich mit Erfolg durcheinanderbringen lassen. Sie sind gewarnt!

Um bei Vejen zu bleiben: Es liegt mit heute über 6000 Einwohnern an einem ebenfalls wichtigen Schlüsselpunkt. Hier nämlich lief im Mittelalter der *Heerweg* entlang, auf dem Händler oder Krieger in Süd-Nord- oder Nord-Süd-Richtung zogen, wobei sie den Querweg zur Nordsee oder an den Belt schnitten. Daher stand hier das Schloß Skodborghus, in dem nacheinander sechs Könige wohnten. Sie finden den Namen südlich vom heutigen Stadtgebiet. In der Nähe liegt auch die malerische einstige Wassermühle »Knag Mølle« an der Konge Å, die von hier ihren Weg zur Nordsee fortsetzt. Vejens *Kunstmuseum* enthält Werke des Bildhauers Hansen Jacobsen und des Zeichners Jens Lund sowie Gemälde und ist im Sommer außer Montag von 10 bis 12 und 14 bis 17 Uhr geöffnet. Achten Sie an der Ausfahrt in Richtung Haderslev auf den Hinweis zum *Billingland,* einem Unterhaltungspark auf 75 000 Quadratmetern mit einem »Seegeschichtlichen Museum« und ferngesteuerten Schiffs- und Flugmodellen, von Mitte Mai bis 10. September zwischen 10 und 18 Uhr zugänglich.

Falls es Sie interessiert, mit Askov das zweite Zentrum der dänischen Volkshochschulen (von 1864 bis 1920) zu sehen, dann stoßen Sie darauf zwei Kilometer westlich von Vejen, südlich von der nach Esbjerg führenden A 1.

Sønderjylland bietet noch mehr

Damit habe ich Sie kreuz und quer durch ein Ausflugsgebiet geführt, das im Süden Jütlands von Norddeutschland aus bequem erreichbar ist. Allerdings weiß ich, daß der Hinweis auf Städte und Sehenswürdigkeiten eigentlich nicht genügt. Auch die Schilderung der Strände noch nicht. Denn was Jütland sein liebenswertes Gesicht verleiht, das

Koldings »Geographischer Garten«, eine echte Sehenswürdigkeit

sind nicht nur die Sterne im Reiseführer, die auf Kirchen, Schlösser, Mühlen und anderes hinweisen, sondern das ist diese weithin industriearme, immer wieder grüne Landschaft. Sie ist mit gut befahrbaren Straßen in einer Weise erschlossen, die Sie mit dem Wagen selbst in entlegene Winkel kommen läßt. Dennoch werden Sie – von ein paar viel besuchten Stränden abgesehen (wie Rømø, Fanø) – nirgends das Gefühl haben müssen, es sei überfüllt, oder der Fremdenverkehr habe die ursprüngliche Eigenart bereits überwuchert. Im Gegenteil: Selbst hier im Süden Jütlands werden Sie trotz der Nähe der deutschen

Grenze manche verschwiegene, stille Ecke finden, in der Sie den Eindruck haben, der erste Fremde seit langem zu sein.
Sie werden verborgene Schönheiten entdecken, die sich gar nicht alle aufzählen lassen, auch wenn es sich dabei nicht um Attraktionen handelt, die in jedermanns Mund sind. Es wäre nur schade, wenn Sie dadurch bei Südjütland hängenblieben. Denn weiter nach Norden zu öffnet sich ja noch eine ganz neue Welt.

Autos fahren an den Strand: Nordseeküste

Sie wissen nun schon, daß die Inseln Rømø und Fanø Autofahrern die Möglichkeit geben, ihren rollenden Strandkorb mit seinen vielen PS bzw. kW mit an den Strand zu nehmen. Das ist auch im weiteren Verlauf der Nordseeküste hier und da der Fall. Nicht immer. Verstehen Sie also bitte die Kapitelüberschrift nicht falsch ...!
Man kann natürlich darüber streiten, ob es wirklich so erfreulich ist, wenn das Auto nun auch den Strand »bevölkert«. Doch zum Glück ist ja an dänischen Stränden Platz genug. Aber zuzeiten ist es ganz schön lästig, wenn die Auspuffgase auch über den Strand wehen oder wenn man müßig im Sand liegt und nur 30 Meter entfernt die fahrbaren Untersätze vorüberrollen. Immerhin gibt es ja meist noch Dünen, in die man sich zurückziehen kann. Solange man selbst im Auto sitzt, ist es schon ein sympathisches Gefühl, zwischen Dünen und Brandung auf festem Meeresboden und zugleich seidenweichem Sand dahinzurollen. Bequem ist es außerdem, die ganzen Utensilien für den Strand einschließlich Essen und Trinken kurzerhand in den Wagen zu packen und loszufahren, ohne alles erst mühsam buckeln zu müssen. Der Strand als Parkplatz bietet viel Raum. An den ebenen Stränden zwischen Løkken und Blokhus und anderswo ist die Versuchung einfach zu groß, das Auto zu nehmen, auch wenn der Strand nicht weit vom Ferienquartier entfernt ist.
Immerhin – es sind ja nur 40 oder 50 Kilometer, auf denen die Autos bis an Strand und Wasser vordringen. Zahlreiche andere Strände der Nordseeküste haben einen so sandigen Dünensaum, daß sich jedes Auto unvermeidlich festfahren würde. Hier können Sie allein sein mit Wellen, Dünen, Sand – ohne Ihren und andere Wagen, die irgendwo jenseits der Dünen auf dem Parkplatz zurückblieben. Sie können nach Belieben im Badeanzug oder – es geht da ziemlich liberal und tolerant zu – auch nackt am Strand liegen oder umherlaufen, sonnen und baden. Kaum irgendwo – schon gar nicht an den von vielen erträumten südlichen Küsten – läßt sich das Hochgefühl einer Verbundenheit mit

Meer und Brandung, einer Nordsee-Ferienherrlichkeit, eindringlicher empfinden.

Wenn Sie von Esbjerg (Seite 42 ff.) aus beharrlich nach Norden fahren, später Ihren Kurs ein wenig nach Nordosten korrigieren, bis Sie, an Jammerbucht und Tannisbucht vorbei, schließlich ganz hoch oben in Gammel Skagen, im alten Skagen, gelandet sind, dann haben Sie die jütländische Nordseeküste in einer geradezu überwältigenden Vielfalt erlebt.

Da gibt es Strecken, die glitzern vom Weiß des Dünensandes unter der Sonne. Strecken, die stumpf oder steinig sind. Strecken, die von Autos wimmeln, und solche, in denen Sie trotz Hochsaison ganz für sich allein sein können. Küsten mit Hotels am Strand oder oben auf dem Steilufer. Andere, zu denen Sie erst ein paar hundert Meter weit durch losen Sand stapfen müssen, bis Sie endlich das Meer zu Gesicht bekommen. Und dann ist es immer noch ein Stück weiter . . . ! Dünenkämme mit Binsen und Strandhafer im eieruhrfeinen Sand. Dünen, vollgepackt mit Ferienhäusern – und dahinter weite graugrüne Wiesen, die fast trostlos wirken.

Sie merken schon: Jütlands Nordseeküste läßt sich auf keinen gemeinsamen Nenner bringen. Was man auch darüber sagt – es gilt nur für einen Teil. Das Ganze ist so vielfältig, daß man nicht müde wird, es zu erleben und dabei immer wieder etwas Neues, Schöneres zu finden.

Viele der deutschen Jütland-Reisenden haben sich für »ihr« Nordseequartier entschieden, das sie Jahr für Jahr wieder aufsuchen, weil es ihnen beim erstenmal so gut gefiel. Andere machen sich die Wahl schwer und tun sich hart, den richtigen Ort zu finden. Mancher, der seit Jahren nach Jütland kommt, weiß noch nicht einmal, was 50 oder 100 Kilometer weiter nach Norden, Nordosten auf ihn warten könnte. Ganz zu schweigen von dem, was sich ins Binnenland hinein anschließt.

Ob Sie die Nordsee seit jeher lieben oder nicht, ob Sie hier nach mehreren Aufenthalten schon wie zu Hause sind oder das erste Mal her-

Strand, Autos und Dünen – an der jütländischen Westküste

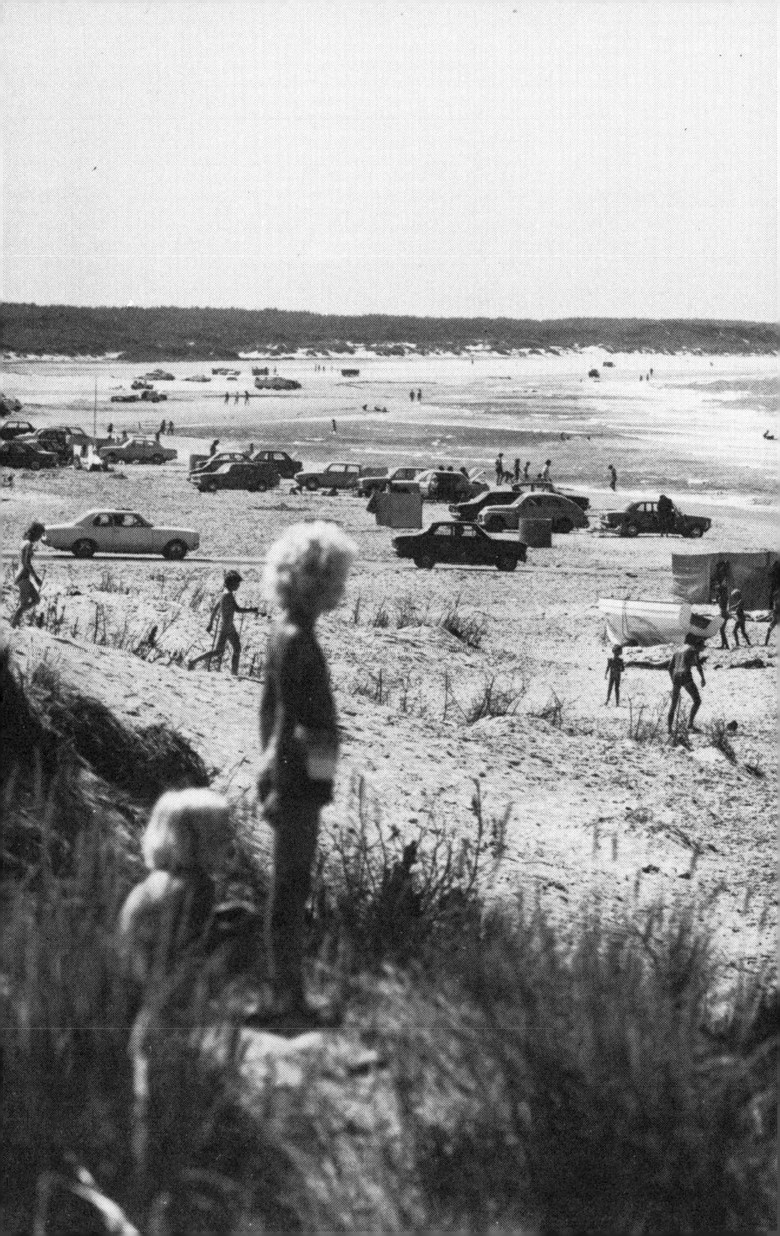

fahren wollen – diese schier unendliche Küste ist großartig und wundervoll, aber bei Sturm kann sie auch schrecklich und gewaltig sein. Schon eine allzu starke Brandung kann sie für Unerfahrene gefährlich machen. Behalten Sie deshalb einen gesunden und heilsamen Respekt vor ihr, auch wenn es ohne viele Umstände möglich ist, sogar vom Auto aus ein Bad in der Nordsee zu nehmen.

Es fängt schon gut an

Bevor wir an die Nordseeküste fahren, machen wir von Esbjerg rasch noch einen Abstecher ins Land, nach *Varde*. Das liegt in 18 Kilometer Entfernung genau nördlich von Esbjerg und ist ein Städtchen von rund 17 000 Einwohnern. Es geht auf das Handelsleben des Mittelalters zurück und erhielt 1442 Stadtrecht. Aus der Zeit des Dreißigjährigen Krieges wird berichtet, daß Wallensteins Soldaten hier eine Schanze stürmten. Der unvermeidliche Brand Ende des 18. Jahrhunderts zerstörte so viel, daß alte Häuser heute Mangelware sind. Aber lassen Sie sich Vardes *Museum* – sommerliche Öffnungszeit 13 bis 17 (sonst 14 bis 17) Uhr – nicht entgehen. Seine 37 Räume enthalten Wissenswertes und Kurioses genug. Das Ehepaar Stau stiftete den prächtigen Bau 1914, und das nippesbesäte, überladene »Cabinet« der Frau Stau, das nach ihrem Tod ans Museum fiel, ist ein Zeitdokument der Jahre vor dem Ersten Weltkrieg. Sie finden alte Möbel und Zimmer, Geschirr, Gewehre, Gemälde, Spinnräder, Kleidung und vieles mehr aus Handwerk und Gewerbe. Ich wünschte, recht viele Städte dieser Größe hätten ein ähnlich reichhaltiges und anregendes Museum wie das von Varde. Geradezu ideal für einen Regentag im Urlaub, wenn der Strand nicht in Frage kommt.
Darüber hinaus hat Varde in seiner *Arnbjerg-Anlage* sein einstiges Stadtbild in einer Miniaturausgabe exakt dargestellt: alles aus handgemachten Backsteinen in einem Zwanzigstel der Originalgröße wiedergegeben. Im gleichen Park finden Sie außerdem neben einem Rosengarten und einem Zwerghaus für Kinder Dänemarks schönste *Freilichtbühne*. Vardes *Kirche* wurde im 12./13. Jahrhundert aus Granitquadern errichtet und weist einen erzenen Taufstein von 1437 sowie eine prächtige moderne Orgel auf. Für die dänischen Bauern hat Varde eine ganz andere Bedeutung: Hier finden die größten Vieh- und Ferkelmärkte Jütlands statt.

Wenn Sie nun von Varde aus nach Westen fahren, dann denken Sie daran, daß der dänische Dichter Thomas Lange die Landschaft, die hinter Oksbøl beginnt, als »Märchenland« bezeichnet hat. Durch Heide und Wald stoßen Sie bis zur Küste vor. Auf etwa 50 Kilometer Länge zieht sich zwischen *Blåvands Huk* im Süden nach Nymindegab und weiter eine weiße Sandküste mit hohen Dünen hin. Mal ist der Strand breiter, mal schmäler. Südlich Blåvand schließt sich die Halbinsel *Skallingen* als Vogelreservat an. Hinter den Stränden – das ahnte Lange noch nicht – sind Waldgebiete für militärische Zwecke vorgesehen und zeitweise gesperrt, was der Wermutstropfen in diesem Strandwein ist. Achten Sie auf hochgezogene Bälle, die Schießübungen ankündigen.

Wo Blåvands Huk liegt, erkennen Sie auf einen Blick: Sein Leuchtturm ragt 39 Meter hoch, um die Schiffe vor dem 40 Kilometer in die Nordsee ragenden Riff »Horns Rev« zu warnen. Zugleich ist es der Punkt, an dem Jütlands Küste am weitesten nach Westen reicht. Die Dünenlandschaft hier ist von urwüchsiger Wildheit, so daß man unwillkürlich an eine Mondlandschaft denkt. Ferienhäuser und Campingplätze bieten Quartier.

Über Vejers erreichen Sie *Vejers Strand,* das von sich behauptet, Dänemarks breitesten Strand zu besitzen. Das ist gewiß übertrieben, so schön er auch ist. Hier kann man auf etwa zwei Kilometer erstmals mit dem Auto am Strand entlangfahren, bis er nach Süden zu feinsandig wird. Stoppen Sie rechtzeitig, bevor Sie sich festgefahren haben. Unterkunft in zwei kleineren Hotels bzw. Pensionen, zahlreichen Ferienhäusern oder auf drei Campingplätzen mit 1050 Stellplätzen.

Zwischen Vejers Strand und südlich von Henne Strand zieht sich das erwähnte Militärgelände hin, bei dem vor Panzern gewarnt wird. Zum Glück sind Übungen während der Hochsaison recht selten. In jedem Fall warnt der hochgezogene Signalball vor der Durchfahrt. *Graerup Strand* und *Børsmose* liegen genau vor dem Militärgelände.

Danach aber kommt mit *Henne Strand* ein Höhepunkt, der bei deutschen Besuchern besonders beliebt ist. Die hoch aufragenden Dünen sind bewachsen, vor ihnen ein feinsandiger Strand, der 150 bis 200 Meter breit ist. Hier ist in Ortsnähe FKK verboten. Für dänische Verhältnisse geht es recht lebhaft zu. Nach deutschen Maßstäben ist es trotz Hotel, Cafeteria, 1350 Ferienhäusern und Campingplatz mit 300 Stellplätzen und Supermärkten ganz erträglich. Freilich: Hier in der

Hochsaison ein freies Ferienhaus zu ergattern, ist beinahe so schwierig wie ein Sechser im Lotto. Südlich von Henne Strand bei der Hennemølle (mit bescheidenem, aber sehr gastlichem Hotel) geht es ganz urwüchsig und einsam zu; hier stehen nur ein paar Ferienhäuser von »Prominenten«. Nördlich an Henne Strand schließt sich der *Houstrup Strand* mit offiziellem *FKK-Strand* an, dessen Ferienhauskolonie drei Kilometer weit im Hinterland liegt, über Straße und Radfahrweg gut erreichbar.

Wichtigstes Ausflugsziel von Henne Strand ist in dem hinter der Küste gelegenen Waldgebiet der Blåbjerg Plantage der 64 Meter hohe *Blåbjerg*. Das ist die höchste und durch Bewaldung befestigte Düne der ganzen Küste, die Ausblick ins Land bietet.

Durch die Plantage stoßen Sie auf die von Varde nach Nymindegab führende Fahrstraße, die hinter *Nymindegab* die Nehrung von *Holmsland Klit* am Ringkøbing Fjord erreicht. Auch Nymindegab hat noch ein schönes Strandgebiet, über einen Kilometer vom Ort entfernt, das über 100 Meter breit ist. Vor Nymindegab führt hinter Kragelund eine Stichstraße zur Halbinsel *Tipperne* im Ringkøbing Fjord, die *Vogelschutzgebiet* ist. Gehen Sie vom Parkplatz zur Vogelschutzwarte. Wer gut zu Fuß ist, sollte die Gelegenheit zur Besichtigung benutzen (im Juni und Juli jeweils an Freitagen zwischen 13 und 17) und sonntags zwischen 4 und 8 Uhr morgens (!) gegen Zahlung einer Gebühr.

Ringkøbing und sein Fjord

Es ist ein ungewöhnliches Landschaftsbild: Hinter einer annähernd 40 Kilometer langen Nehrung von zwei bis drei Kilometer Breite dehnt sich der *Ringkøbing Fjord,* der mit einer Wasserfläche von 300 Quadratkilometern das größte Binnengewässer Dänemarks darstellt. Das ist ein typischer Strandsee, auch Haff genannt. Ursprünglich stand der Fjord durch den Nymindegab-Strom mit dem Meer in Verbindung, die aber nur sehr mühsam freizuhalten war. So entschloß man sich um 1910 zum Bau eines Kanals, dessen ursprüngliche Breite von 26 Meter durch Stürme auf 230 Meter anwuchs, so daß der Fjord salzig wurde und die angrenzenden Felder bei Stürmen überschwemmte. Daher mußte man diesen Kanal schon 1915 wieder schließen. 1923 wurde – bei *Hvide Sande* – ein neuer Kanal mit Hafen angelegt, der künftig alle Erwartungen erfüllte. Schleusen regeln den Wasserstand.

Auf dem Landstreifen von Holmsland Klit läuft eine gut befahrbare Betonpiste, der man den scherzhaften Beinamen »Fischexport-Betonstraße« gegeben hat. Links davon liegt ein Streifen von Strand und Dünen und davor das Meer, das freilich von der Straße aus meist nicht sichtbar ist. Sie müssen schon den Dünenwall – hinter dem sich an Stichstraßen Parkplätze befinden – passieren, um zum Strand zu gelangen. Er ist fast auf der ganzen Strecke zwischen 100 und 300 Meter breit, meist feinsandig, aber hier und da auch etwas steinig. Allerdings finden Sie im schmalen Hinterland außer bei Hvide Sande und später bei Søndervig, allenfalls noch Nørre Lyngvig, keine Auswahl an Urlaubsquartieren, doch bestehen einige Campingplätze.

Im nördlichen Teil von Holmsland Klit liegt mit *Hvide Sande* der Hauptort mit rund 2100 Einwohnern. Er ist geprägt von der Tätigkeit der Fischer und eine Miniaturausgabe von Esbjerg: Dort 550, hier nur 150 Fischkutter, dort 110 Jahre Geschichte, hier nur 50. Aber die Auktionshalle ist hier nur kleiner, nicht weniger geschäftig. Der Fisch sorgt dafür, daß über Hvide Sande zuweilen der typische Geruch liegt. Dennoch kommen in den letzten Jahren immer häufiger auch Feriengäste hierher. Die Dünen erstrecken sich quer über die ganze Landzunge und erreichen Höhen bis zu 25 Meter.

Fünf Kilometer weiter nördlich ragt der Leuchtturm von *Nørre Lyngvig* hoch über die Dünen. Es ist Dänemarks höchstgelegener Leuchtturm, 23 Meter über dem Meer. Sie können ihn besichtigen und dabei die großartige Aussicht über den ganzen Fjord genießen. Allerdings kommen Sie nicht darum herum, 264 Treppenstufen nach oben zu steigen – Lift gibt es nicht. Dennoch: Der Anstieg lohnt.

Das folgende *Søndervig* stellt das wichtigste Feriengebiet im Bereich des Ringkøbing Fjords dar. Neben einigen Hotels bieten vor allem einige tausend Sommerhäuschen in und hinter den Dünen Unterkunft: Ihre Zahl wird nach Norden zu immer spärlicher. Durch die Dünen gelangen Sie zu dem 100 bis 150 Meter breiten Strand, der nur hier und da einige Steinchen aufweist. Insgesamt zieht sich dieses Strandgebiet über 20 Kilometer bis Vedersø Klit hin, womit freilich der Ringkøbing Fjord verlassen ist, jedoch schließen sich dahinter kleinere Strandsee-Fjorde an. Der Badebetrieb begann hier vor der Jahrhundertwende. Im späten Herbst und Winter ist das im Sommer recht belebte Gebiet einsam und still. Dann beherrscht das Rauschen der See mit den Schreien der Möwen die Landschaft.

Die Stadt, nach der der Fjord seinen Namen hat, *Ringkøbing* mit seinen 6500 Einwohnern, liegt zwar am Fjord, jedoch landeinwärts, neun Kilometer von Søndervig entfernt. Das ist ein behagliches dänisches Landstädtchen, das mit einigen älteren, teilweise bunt angestrichenen Häusern ganz anmutig wirkt. Sein Ursprung liegt im 14. Jahrhundert. Durch Fischerei und Handel mit Rindvieh erlebte es vor drei Jahrhunderten eine Blüte, die in den letzten Jahrzehnten vom Fremdenverkehr bewirkt wird. Denn alles, was in und um Søndervig wohnt, kommt zum Einkaufen und Flanieren nach Ringkøbing, das infolgedessen im Sommer fast aus den Nähten platzt. Über Kopfsteinpflaster bummelt man zwischen niedrigen Häusern. Die *Kirche* ist ein mittelalterlicher Backsteinbau. Ihr Turm wird nach unten zu schmäler. Außer in der Østergade und der Østre Strandgade stehen alte Häuser mit dem Bürgermeisterhof von 1807 am Marktplatz, wo auch das alte *Rathaus* ein Glockenspiel ertönen läßt. Das *Museum* ist im Sommer an Werktagen von 10 bis 17, am Sonntag von 14 bis 17 Uhr geöffnet, aber am Samstag geschlossen. Es enthält eine Münzsammlung und Mitbringsel des Grönlandforschers Mylius-Erichsen sowie andere Stücke aus früher Zeit neben Kirchenplastik.

An der Ostseite des Ringkøbing Fjords liegt der Flugplatz Stauning. In der Nähe der Ort *Dejbjerg*. Er ist dadurch bekannt geworden, daß man hier die *Dejbjergwagen* ausgrub, die inzwischen ins Kopenhagener Nationalmuseum abgewandert sind. Sie wurden vor 2000 Jahren als Opfer dargeboten. Damit nähern Sie sich dem Städtchen *Skjern,* ein paar Kilometer östlich des Fjords. Das Landstädtchen von 5000 Einwohnern läßt in seinem *Museum* (Besichtigung Sonntagnachmittag oder nach Absprache mit dem Turistbureau) deutlich werden, wie dicht dieser Landstrich bereits zur Steinzeit besiedelt war. Die Funde wurden überwiegend in der Skjernå gemacht. Die Kirche von Skjern ist romanisch und besitzt eine spätgotische Altartafel. Beachtlich auch der Runenstein auf dem Friedhof.

Auf dem Wege zum Limfjord

Holmsland nennt sich die Landschaft zwischen Ringkøbing und der Küste in nördlicher Richtung, die vom *Stadil-Fjord* begrenzt ist. In ihr gibt es ein paar *Dorfkirchen,* die in ihrem Inneren Kalkmalerei und

Holzschnitzereien aufweisen und denen man von außen ihre Schätze nicht gleich ansieht.

Zwei Strecken bieten sich bei der Fahrt in nördlicher Richtung an: im Landesinneren die A 16, die von Ringkøbing über Ulfborg nach Lemvig – hier links abbiegen! – führt und Sie die Nordsee nicht sehen läßt. Oder die Straße in Küstennähe, die gewissermaßen die einzelnen Badestrände der Reihe nach abklappert. Falls Sie es eilig haben, ist die A 16 ratsam. Sonst aber haben Sie mehr von der Fahrt in der Nähe der Küste, wobei die Landschaft freilich wenig Änderungen erfährt.

Der erste Ort *Hovvig* bedeutet im Grunde eine Fortsetzung von Søndervig: schöner Strand mit zahlreichen Ferienhäusern und Dünengelände. Allerdings werden Sie hier – wie weiter nördlich noch öfter – auf mehr oder minder auffällige Reste von Bunkern stoßen, die ihre Herkunft »Made in Germany« nicht verleugnen können und manchen Strand optisch abwerten.

Im Bereich der kleinen Orte *Vedersø* und *Husby* hat sich eine ungewöhnlich reizvolle Ferienhauskolonie entwickelt. Jedes Haus liegt in einem 5000 Quadratmeter großen Grundstück, und fast alle sind anziehend mit Reet gedeckt. Wer hier sein Ferienquartier mieten kann – Vermittlung erfolgt in Ulfborg – ist fein dran. Bei Vedersø lebte der dänische Dramatiker Kaj Munk als Pfarrer, der wegen seiner Tätigkeit im Widerstand 1944 erschossen wurde.

Mit *Bjerghuse* beginnt eine etwas verkleinerte Neuauflage von Holmsland Klit, nämlich Bøvling Klit: wiederum eine knapp zwei Kilometer schmale Landzunge, die etwa 12 Kilometer zwischen der Nordsee und dem Nissum Fjord verläuft, der wiederum ein Strandsee ist, jedoch bei Torsminde durch eine Schleuse mit dem Meer in Verbindung steht. Sie werden mit Bedauern bemerken, daß der Strand jetzt sozusagen zusehends steiniger wird. Für einige Zeit sind die feinsandigen Strände beendet. Bei *Torsminde* erinnert ein Mahnmal auf der Anhöhe *Dødemansbjerg* an 1400 englische Mariner, die 1811 hier mit ihrem Schiff in den Wellen versanken. Sie fahren durch ein markiertes *Wildreservat*, in dem Parkplätze die Möglichkeit bieten, zum Strand zu gehen – irgendwelche Einrichtungen bestehen jedoch nicht: Naturstrand in beliebig wechselnder Beschaffenheit.

Interessanter wird es, sobald Sie Bøvling Klit verlassen haben und – vorbei an Trans – das 41 Meter hohe Steilufer von *Bovbjerg* Klit mit einem 64 Meter hohen Leuchtturm erreicht haben. Da hier in einem knappen Jahrhundert das Meer schon 160 Meter Land abtrug, errichtete man 1909 Wellenbrecher, um weitere Abspülungen zu vermeiden. Immerhin stehen hier oben außer dem Leuchtturm auch ein recht angenehmes Badehotel, Kiosk und Museum, die vor allem an Wochenenden lebhaften Besuch aufweisen. Das *Museum* ist dem naturalistischen dänischen Maler Jens Søndergaard in dessen einstigem Wohnhaus gewidmet. Malerisch interessant ist auch das Badehotel mit Gemälden von Kresten Bjerre. Der Weg zum Strand hinab führt über 80 Holzstufen. Vorsicht beim Baden angesichts starker Brandung! Hinter dieser Küste, insbesondere bei *Ramme,* befindet sich ein Gebiet von Hünengräbern, *Rammedigen* genannt, die auffällig rund aus der ebenen Landschaft aufragen. Noch ein Stück weiter ins Binnenland erreichen Sie die Klosterhede Plantage (siehe Seite 131).

Mit den Straßen hinter dem Strand ist es jetzt so gut wie aus. Entweder folgen Sie von der Hove Kirche aus der Bahnlinie, obwohl der Bahndamm Ihnen meist den Blick versperrt, oder auf der östlich davon verlaufenden Fahrstraße, die zur Spitze einer Halbinsel, Harboør Tange, führt, wo mit Thyborøn ein Fischerhafen am Ein- bzw. Ausgang des Limfjords (s. Seite 125 ff) liegt. Eine Fähre bringt Sie in zehn Minuten mitsamt Ihrem Wagen zur Agger Tange an der Krik Bucht und damit in neue Strandgebiete des nördlichen Jütland. Vielleicht merken Sie sich, daß das *Fährschiff* jeweils zur vollen Stunde Thyborøn verläßt – in umgekehrter Richtung zwanzig Minuten später.

Zwischen Limfjord und Jammerbucht

Sie sehen es *Agger* heute nicht an, daß das Meer hier oft hart zuschlug. Zahlreiche Dörfer im Umland wurden von ihm verschlungen. Auch Agger blieb nicht verschont. Seine ursprüngliche Kirche mußte abgerissen und 1838 durch eine neue ersetzt werden, die weiter landeinwärts ihren Platz fand. Seit über 100 Jahren ist Agger, das im Dünengelände in Strandnähe liegt, durch Wellenbrecher gegen die See geschützt. Badegäste kommen gern an den zehn Kilometer langen Strand, dessen steinerne Buhnen ins Meer reichen.

Von jetzt ab gibt es keine ganz küstennahe Straße mehr: Sie müssen etwas weiter durchs Hinterland fahren und jeweils durch Stichstraßen zur Küste vorstoßen. Dabei sollten Sie jedoch auf die A 11 verzichten, die östlich nahe dem Limfjord entlangführt, und – soweit vorhanden – auf die weiter westlich gelegene Strecke von Agger nach Hanstholm ausweichen.

Auf diese Weise erreichen Sie von Agger in südöstlicher Richtung die großartige Kirche von *Vestervig,* die weithin sichtbar die Landschaft beherrscht. Ihr gegenüber die reetgedeckte Klostermølle, eine Windmühle. Damit wissen Sie, daß die Kirche auf ein Kloster zurückgeht. Sie wurde um 1100 errichtet und hat stattliche Ausmaße: Das Schiff ist ohne Chor 34 Meter lang, der Turm 10 x 10 Meter – teils Natursteine, teils weiß getüncht. Mehrere Seen liegen hier zwischen Straße und Küste.

Über Morupmølle mit seinem behaglichen Kro, der auch ganz moderne Zimmer aufweist, biegen Sie nochmals westlich ab, um die *Lodbjergkirche* zu besuchen. Es ist Jütlands kleinste Kirche, die mitten im Wald ganz einsam auf der Höhe liegt, 1818 erbaut. An ihrer Rückseite hängt im Freien die überdachte Glocke. Den Friedhof umrahmt ein Steinwall. Von hier aus können Sie im Kiefernwald zur Bavnehøje wandern. Noch im Mittelalter war die Vorgängerkirche mit fruchtbarem Ackerland umgeben, bis der Sand kam und die Bauern vertrieb. Lyngby, Stenbjerg und Sønder- sowie Nørre-Vorupør sind, jeweils durch Stichstraßen ins Dünengelände erreichbar, badegeeignete Strände, auch wenn die Sandqualität unterschiedlich ist. Im Hinterland liegen Ferienhäuser, und bei Nørre Vorupør gibt es auch einen offiziellen FKK-Strand. Hinter Vorupør entdecken Sie rechts der Straße die Kirchenruine von Tvorup. Auch sie geht auf die Zeit zurück, als der Sand die hier ansässige Bevölkerung vertrieb: 1795 wurde sie abgebrochen.

Mit *Klitmøller* und seinen (für Dänemark überraschend!) eingezäunten und nicht zu betretenden Dünen und dem Badestrand mit Ferienhäusern, öffnet sich Ihnen eine großartige Küstenstraße, der Sie bis zum Hafen von Hanstholm folgen können. Dabei liegt rechts von Ihrer Strecke ein stattliches Wildreservat, das für Kraftfahrzeuge gesperrt ist. Die nüchterne Strenge der Dünenlandschaft bildet den Kontrast zur brandungsstark schäumenden Nordsee.

Mit dem Hafen von *Hanstholm* macht die Küste Jütlands einen scharfen Knick und zieht sich nun in östlicher Richtung hin. Die modernen Hafenanlagen entstanden in den letzten zwei Jahrzehnten und ließen eine im Zeichen der Fischindustrie stehende neue Siedlung aufwachsen. Beherrscht wird das Gebiet vom größten Leuchtturm Dänemarks, dem »Hanstholm Fyr«, der schon vor über 130 Jahren erbaut und 1899 als erster mit elektrischem Licht versehen wurde. Der Turm steigt 63 Meter übers Meer auf, sein Licht reicht annähernd 40 Kilometer (21,5 Seemeilen) weit. Nicht gerade als Ferienort zu empfehlen, da auch das Baden in der Umgebung des Ortes wegen starker Strömung gefährlich ist. Wer die Fischauktionen von Esbjerg und Hvide Sande versäumt hat, kann das vielleicht hier – täglich 7 Uhr am Hafen – nachholen.

Die Bucht, die Sie jetzt umrunden, hat Ihren Namen von dem Ort Vigsø erhalten. Zwar stoßen Sie auch hier – da oder dort – auf Ferienhäuser, aber der Strand ist überwiegend steinig. Das gilt auch für den kleinen Ort *Lild-Strand* (zu dem eine schöne Strecke durch Wald und Heide führt), wo man beobachten kann, wie die Fischer ihre Boote anlanden.

Wo die Vigsø-Bucht zu Ende geht und die Jammerbucht beginnt, liegt mit der 50 Meter hohen Kalkklippe des *Bulbjergs* und dem im Wasser gelegenen *Skarreklit* ein landschaftlicher Höhepunkt dieser Küste. Allerdings beeinträchtigen die in den Bulbjerg eingebauten Bunkeranlagen, die heute teilweise als Toiletten einer zweckmäßigen Verwendung zugeführt sind, den Eindruck. Ursprünglich einmal gehörte auch das hohe Skarreklit zum Festland, heute ist es 130 Meter entfernt und stürzte in den Winterstürmen 1578/79 bis auf den Sockel (Wohnplatz von Kormoranen) ins Meer.

Zauber und Drohung der Jammerbucht

Der Name der Jammerbucht muß ganz wörtlich verstanden werden: Weil hier die Seeleute und Fischer das große Jammern bekamen, wenn der vorherrschende Westwind umschlug und einer der nicht seltenen Stürme losbrach. Inzwischen allerdings sind in der Bucht beliebte Badeorte entstanden, bei denen niemand jammert, weil die Strände zu den schönsten überhaupt gehören. Die Jammerbucht verläuft zuerst noch in östlicher, später schwingt sie jedoch in nordöstlicher Richtung auf den Fähr- und Fischerhafen von Hirtshals zu. Zugleich entfernt sich die Küste immer weiter vom Hinterland des Limfjords. *Han Herred* nennen die Jüten diese Landschaft um den Hauptort Fjerritslev. Von der Höhe des Bulbjergs an fehlt eine küstennähere Straße: Sie bewegen sich jetzt auf der A 11, von der Sie nach Belieben auf Stichstraßen einen Badestrand nach dem anderen besuchen können. Dabei werden Sie feststellen, daß diese Anfahrten durch Wäldchen und hügeliges Dünengelände ungemein reizvoll sind und daß die Spannung, wie man schließlich am Meer landet und was der Strand zu bieten hat, die Fahrt recht genußvoll macht. Allerdings: Zeit müssen Sie dafür schon haben.

Einer der ersten Orte an der A 11 ist *Vust,* wo Sie im ehemaligen Kuhstall eines alten Hofes die Keramikarbeiten von Else Zeuthin und Ejler Berg betrachten (und kaufen) können. Von Torup und Klim erreichen Sie die dazugehörigen Strände, die zusammen rund zehn Kilometer lang sind und teils Ferienhäuser, teils Campingmöglichkeiten aufweisen. *Fjerritslev,* mit 2600 Einwohnern die wichtigste Stadt in diesem Gebiet, verdankt seine Bedeutung auch der Straße, die über den Aggersund den Limfjord überquert. Zu Ihrer Überraschung und Freude werden Sie hier neben dem landesüblichen Kro auf ein leibhaftiges »Grand Hotel«, wenn auch im Mini-Stil, stoßen. Hauptsehenswürdigkeit ist jedoch *Den gamle Bryggergård,* also der alte Brauhof, der mit einem *Brauerei- und Heimatmuseum* verbunden ist: geöffnet am Montag, Dienstag und Mittwoch von 15.30 bis 17 Uhr.

Von Fjerritslev aus haben Sie die Auswahl aus vier Stränden im Süden der Jammerbucht: *Svinkløv* mit einem beliebten, nostalgisch stimmenden Badehotel aus Holz, *Slettestrand* mit Fischereibetrieb, *Tranum Strand* mit einem modernen Hotelbau und *Ejstrup Strand,* den Sie erstmals wieder mit dem Wagen befahren können. Allerdings zieht sich in nordöstlicher Richtung ein Schießgelände des Militärs hin, so daß Sie bei hochgezogenem roten Ball besser auf die Fahrt verzichten. Aber ab jetzt können Sie den Strand jedenfalls befahren, auch wenn bis Rødhus noch die eine oder andere Sandwehe zur Vorsicht zwingt. Die Strecke bis Blokhus und dann weiter nach Løkken und südwestlich von Nørre Lyngby gehören zu den geeignetsten, um Auto und Strandkorb zu verbinden. Zugleich liegen mit Blokhus und Løkken in Strandnähe zwei Orte, die den bei deutschen Gästen üblichen Vorstellungen von einem Urlaubsort am ehesten entsprechen. Sogar das Ferienzentrum fehlt nicht. In der Hochsaison ist denn auch hier ein buntes Gewimmel im Gang, wobei jedoch – das sollten Sie nie vergessen – Strand und Dünen genug Möglichkeiten auch für einsamkeitsfreundliche Gäste aufweisen.

Blokhus erhielt seinen Namen von einem Kornspeicher, der sich hier im 17. Jahrhundert befand. Hier begegnen Sie allen Angeboten für einen modernen betriebsamen Urlaub: 300 Appartements (jedoch kein Hochhaus!), sechs Hotels und Pensionen, zahlreiche Ferienhäuser, ein weithin bekanntes und beliebtes, hervorragendes Speiselokal namens »Strandingskroen«, abendliche Tanzgelegenheit und mehr oder minder aufwendige Souvenirgeschäfte. Eine Fahrt ins Hinterland führt zur *Kirche* von *Saltum,* die für ihre Fresken bekannt ist.

16 Kilometer lang ist die Strecke, die Sie nun am Strand von Blokhus nach Løkken zurücklegen können. Dabei sollten Sie nicht näher als 20 Meter ans Wasser kommen, um die Badenden nicht zu behelligen. Daß die Warntafel auch in deutscher Sprache aufgestellt ist, beweist den starken Anteil deutscher Urlauber. Vorsichtig sollten Sie auch das eine oder andere quer laufende Rinnsal passieren.

Løkken bedeutet – mit 1800 Einwohnern, die sich im Sommer vervielfachen – noch einmal eine Steigerung gegenüber Blokhus. Beinahe 20 Hotels und Pensionen, mehrere tausend Ferienhäuser in den Dünen, viel Campinggelegenheit. Auf den Strand fahren fliegende Händler, um Räucherfisch oder Eis anzubieten. Ein Strandteil ist für Autos gesperrt. Vor der in Richtung auf Nørre Lyngby aufsteigenden Steilküste sind Nacktbader in der Mehrheit. Sonst hat Løkken eine für Jütland ungewöhnliche Besonderheit: Umkleidekabinen am Strand. 12 000 Gästen in Løkkens Sommersaison steht ein stiller Herbst und Winter gegenüber. Beliebt ist Løkken als Ziel für Familien mit Kindern.

Von Løkken ist es nur ein Katzensprung zum Herrensitz *Børglum Kloster,* früherer Königshof, der von den Prämonstratensern zum Kloster umgestaltet wurde. Zwischen 1150 und 1536 war Børglum Kloster und Bischofssitz. Eine Restaurierung um 1750 machte aus der Klosterkirche einen Rokokobau. Besichtigung des Kircheninneren zwischen 9 und 18 Uhr.

An der Küste gelangen Sie zunächst zu Nørre Lyngby, hinter dessen Strand – in Richtung Løkken mit Auto befahrbar – sich eine Steilküste emporzieht. Die Ferienhäuser auf der Höhe werden durch Treppen-

In der Welt der Dünen bei Kandestederne

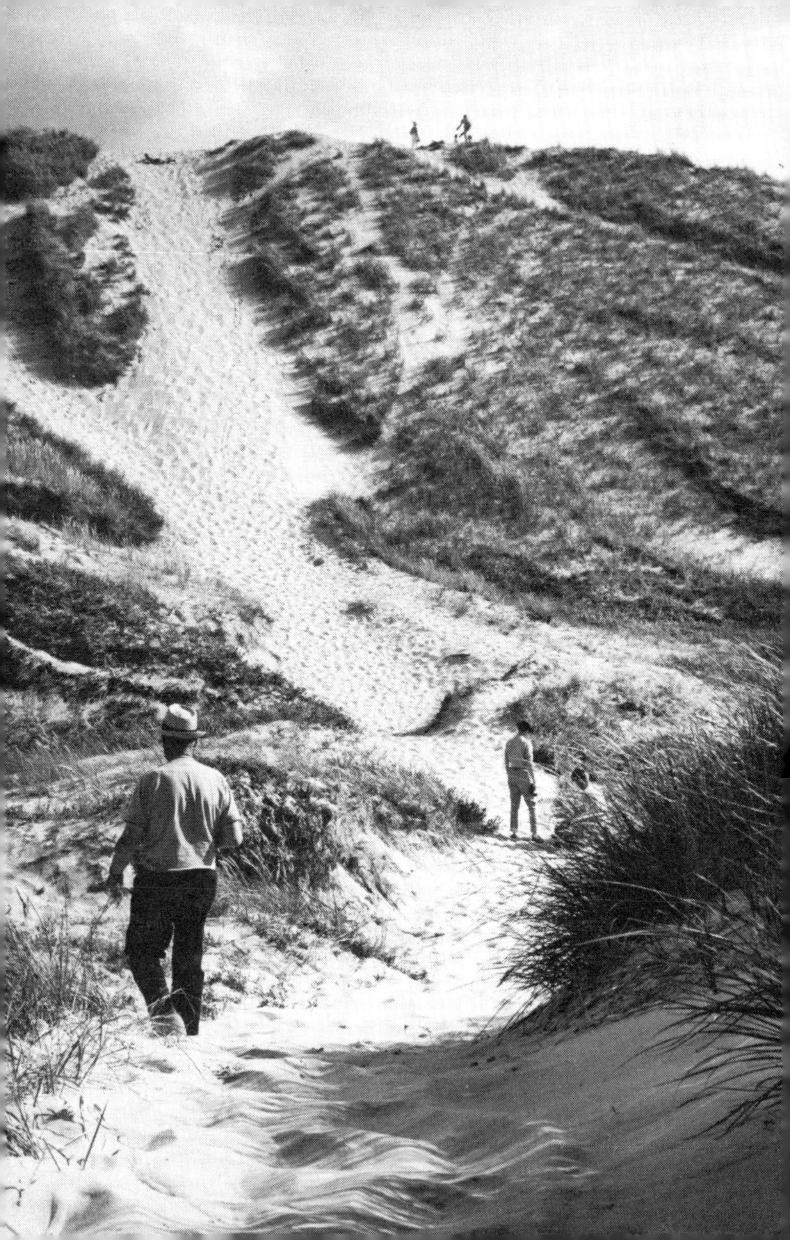

leitern erreicht, was sehr romantisch wirkt. Außerdem befindet sich hier ein FKK-Strand. Lyngbys Mühle fügt weitere Romantik hinzu. Von Rubjerg führt ein Abstecher zur Rubjerg Knude, einem Lehmsteilufer, das 72 Meter übers Meer ragt, aber ständig vom Meer unterwühlt wird. Dahinter steigen hohe Dünenberge auf, die erklommen werden können. Sie haben den dort gelegenen Leuchtturm bereits teilweise verdeckt, so daß er 1967 außer Betrieb genommen wurde. Jedoch können Sie ihn zu Aussichtszwecken besteigen.

Bevor Sie nach *Lønstrup* kommen, machen Sie den Abstecher zur *Mårup-Kirche,* die seit 1928 nicht mehr benutzt wird. Vor ihr liegt der mächtige Anker einer 1808 an dieser Küste gestrandeten englischen Fregatte, der in den dreißiger Jahren geborgen wurde. Lønstrup war ursprünglich ein Fischerdorf, das aber inzwischen in sein Dünengelände zahlreiche Ferienhäuser setzte. Auch Lønstrup hat seine Windmühle bewahrt.

Nun folgt *Hjørring,* mit über 31 000 Einwohnern zugleich Hauptstadt eines Gebiets im Norden des Limfjords, das für die Jüten *Vendyssel* heißt. Hjørring liegt nur 12 Kilometer von der Nordsee entfernt und besitzt Industrie und Handel. Bereits im 12. Jahrhundert wurden hier Münzen geprägt. Der blühende Ort wurde durch den Dreißigjährigen Krieg schwer beeinträchtigt. Wichtigster Bau ist die *St.-Katharinen-Kirche,* deren Bau um 1250 begann, mehrere Erweiterungen erfolgten später. Im Inneren ein gotisches Kruzifix des 13. Jahrhunderts und eine Altartafel des Knorpelbarock von 1650. Reizvoll sind auch die alten Fachwerkhäuser der umliegenden Straßen. Hjørring besitzt zwei Museen: das *Historische Museum* für Vendyssel mit Zeugnissen der Vorgeschichte, des Mittelalters und der Folklore – täglich 10 bis 16 Uhr geöffnet; das *Kunstmuseum* zeigt Werke von Malern aus dem Vendyssel-Gebiet und ist von 10 bis 16 Uhr (Samstag 14 bis 16, Sonntag 10 bis 14 Uhr) geöffnet.

An der Jammerbucht liegen mit Nørlev und Kjaersgård Strand sowie Tornby noch ein paar kleinere Bade- und Urlaubsmöglichkeiten, wobei Teile dieses Strandes auch mit dem Auto befahren werden können. Tornby besitzt sogar ein größeres Hotel. Nacktbaden ist hier nicht ungewöhnlich.

Hirtshals, die Stadt mit dem lebhaften Fährverkehr nach Norwegen, liegt am Übergang von der Jammer- zur Tannis-Bucht. Die Schiffe von hier überqueren in rund vier Stunden den Skagerrak. Als Fischerstadt besaß Hirtshals nur bescheidene Bedeutung, bis 1930 ein neuer Hafen ins Meer hinausgebaut wurde. Skeptiker glaubten, er würde dem Ansturm der See gar nicht standhalten. Aber nach nunmehr 50 Jahren scheint die Frage doch positiv beantwortet zu sein. Damit ist die Zukunft von Hirtshals gesichert. Im Südteil von Hirtshals steht ein 35 Meter hoher Leuchtturm. Auch wer von hier »nur« nach Norwegen fahren will, wird am Geruch die Bedeutung der Fische für das Städtchen mit knapp 8000 Einwohnern erkennen. Überraschenderweise hat Hirtshals auch einen recht guten Badestrand. Auch ein Eisenbahnfährschiff verkehrt von hier zum norwegischen Kristiansand.

Sand, Sand bis Skagen

Nach Hirtshals wird Jütland immer schmäler, bis Skagen nur noch als schmaler Finger ins Meer reicht. Zugleich beginnt hier die Tannisbucht, letzte von Jütlands Nordseebuchten. Zunächst sind die Küsten auf etwa 20 Kilometer Länge durch Anpflanzungen von Wald gesichert. Mit *Kjulstrand* befindet sich hier ein von *Abyen* aus erreichbares Gebiet, das viele Ferienhäuser aufweist. Der Strand (viel FKK) ist etwa 50 m breit und sandig. Der etwas später folgende Strand von *Uggerby* kann wieder einmal mit dem Auto befahren werden, wobei eine Höchstgeschwindigkeit von 40 Kilometern nicht überschritten werden darf. Der hinter dem Strand gelegene Heidewald macht das Gebiet recht anziehend. Dennoch ist der von Tversted aus erreichbare Strand von *Tannisby* – 10 Kilometer lang, 100 Meter breit – mit Ferienhäusern und großartigen Dünen, der weiter östlich von Skiveren fortgesetzt wird, besonders beliebt. Sie können von Tannisby aus bei gutem Wetter rund 20 Kilometer lang mit dem Wagen fahren, bis Sie *Kandestederne* erreichen, das zwar nur wenige Häuser aufweist, aber durch seine Wanderdüne besuchenswert ist.

41 Meter hoch ist die *Råbjerg Mile,* die Jahr für Jahr 8 Meter nach Osten „wandert". Falls Sie aus Ostpreußen stammen oder es kannten, werden Sie eine bescheidene Erinnerung an die Kurische Nehrung haben. Aber davon abgesehen: Niemanden wird die stattliche Dünenlandschaft von Kandestederne mit ihrem weißen, feinen Sand, von dessen Höhe man übers Meer blickt, gleichgültig lassen. Außer der Råbjerg Mile erreichen auch andere Dünen Höhen zwischen 20 und

30 Metern. Wenn Sie einmal auf die Karte schauen: Zwischen Kandestederne und Skagen ist Jütland nur noch 5 Kilometer breit!
Von Kandestederne gibt es keine Fahrmöglichkeit am Strand mehr. Sie müssen sich schon landeinwärts wenden, um bei Hulsig die A 10 zu erreichen. Die Landspitze von Skagen nähert sich. Links und rechts der Straße die Hügel der Dünen. An der Straße Warnschilder vor Schafen.
Skagens Geschichte wäre einen Roman wert, auch wenn es nicht immer „gewaltige" Ereignisse waren, um die es ging. Zuerst einmal müssen Sie sich vorstellen, daß das ganze Land, das sich zwischen Hirtshals und Frederikshavn ins Meer streckt, vor 5000 Jahren noch unter dem Meer lag. Meer und Wind ließen den Sand anspülen und sich auftürmen. Skagen selbst wurde im Mittelalter von Fischern gegründet und erhielt bereits 1413 Stadtrecht. Stürme und Sand bedrohten den Bestand der Siedlung über viele Jahrhunderte. Bester Beweis dafür: die alte *Kirche* von Skagen, die im 13. Jahrhundert – weit außerhalb der heutigen Stadt – erbaut und durch einen Sandsturm 1775 beinahe völlig bedeckt wurde. Zwanzig Jahre später mußte man sich entschließen, sie abzureißen. Nur der Turm blieb stehen und diente damals wie auch heute noch als Seezeichen.
Im übrigen ließ schon 1564 der dänische König Frederik II. das erste bescheidene Leuchtzeichen an Skagens Spitze anbringen. 1747 wurde der »Weiße Leuchtturm« gebaut, bis ein reichliches Jahrhundert später auf Grenen, der Fingerspitze Skagens, der »Graue Leuchtturm« entstand, der heute das Leuchtfeuer für die Schiffe ausstrahlt. Denn das Skagerrak ist ein oft stürmisches Gewässer.
Das wird Ihnen sicher deutlich, wenn Sie bis Grenen hinausfahren, wo der Leuchtturm steht, und ein Stück auf die Dünenhöhen steigen. Von hier schauen Sie auf die Wasserwirbel, mit denen die Wässer des Skagerrak, also der Nordsee, mit denen des Kattegat von der Ostsee her sich vereinigen. Gehen Sie bis an die vorderste Spitze, wo sogar ein flacher Strand liegt – aber Baden ist der Strömungen wegen sehr gefähr-

Skagens alte Kirche wurde vom Treibsand verschüttet – nur ihr Turm steht noch

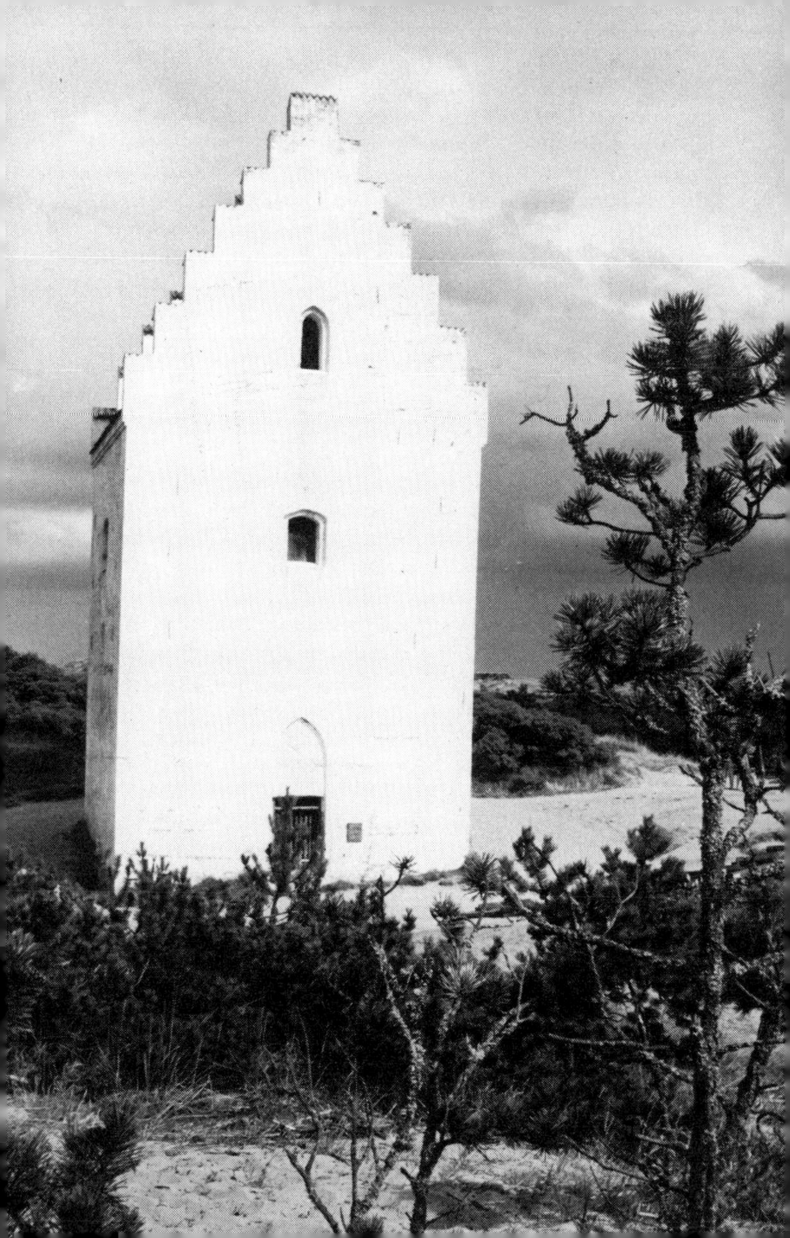

lich! –, dann entdecken Sie, daß die Landspitze sich je nach der Richtung, die die Meeresströmung durch den Einfluß von Wind und Gezeiten nimmt, verändert – einmal weist sie weiter nördlich, einmal weiter südlich. Dort, wo Sie in die Dünen hineingewandert sind, sorgt heute ein Restaurant mit Cafeteria für Ihre Erfrischung.

Dabei sollten Sie daran denken, daß das Fischerstädtchen Skagen in früheren Jahrhunderten lediglich den Seeleuten vertraut war. Es ist erst rund 100 Jahre her, daß Skagen auch außerhalb der Seefahrt und seiner engeren Umgebung bekannt wurde. Es waren Künstler, vor allem Maler, die die ungewöhnliche Welt des Sandes hier im nördlichen Jütland entdeckten. Später wählte der dänische König Christian X. (1912–1947) den Ort zu einem mehrwöchigen Sommeraufenthalt. Auf diese Weise wurde Skagen allmählich immer bekannter und berühmter.

Heute ist Skagen eine lebendige, blühende Stadt mit 12 000 Einwohnern, Dänemarks nördlichste Stadt überdies. Der geschäftige Hafen beherbergt eine umfangreiche Fischereiflotte. Auch hier kann man in einer Auktionshalle den Fischverkauf verfolgen. In der Nähe stehen Fabriken für die Herstellung von Fischkonserven. In einem der alten Fischpackhäuser hat sich ein Fischrestaurant aufgetan – der richtige Ort für eine Mahlzeit. Aber neben diesem geschäftlichen Leben atmet Skagen mit seinen niedrigen, gelb getünchten Häusern noch immer die Atmosphäre seiner Künstler, an die auch einige Museen erinnern.

Die Entscheidung, was man von fünf Skagener Museen besichtigen soll, fällt nicht ganz leicht. Vier von ihnen haben unmittelbar mit der Kunst zu tun: das Haus von Holger Drachmann, der Dichter und nicht Maler war und auf Grenen begraben ist; sein Haus ist im Sommer von 10 bis 12 und 14 bis 17 Uhr zu besichtigen. Auch das Haus des Malerehepaars Anna und Michael Anders kann von 14 bis 18 Uhr, nach dem 1. Juli von 9 bis 18 Uhr, besucht werden. Kunst allgemein zeigt das *Skagen-Museum* (in der Saison von 10 bis 12 und 14 bis 17 Uhr geöffnet) mit Gemälden und Skulpturen der Skagener Künstlerkolonie. Eine Kunstausstellung befindet sich im *Grenen-Museum,* das an Werktagen von 10 bis 18 Uhr zugänglich ist. Wer weniger künstlerische Interessen hat, den könnten »Skagens Fortidsminder« angehen: ein Einblick in ein Fischerhaus von 1836, das außerdem über Fischerei und Rettungswesen unterrichtet. Seine Öffnungszeiten liegen zwischen Mai und September von 9 bis 17 Uhr.

Keinesfalls dürfen Sie auf einen Besuch von *Gammel Skagen,* dem ursprünglichen Fischerdorf, verzichten, das an der Nordseeküste westlich von Skagen liegt und südlich einen schönen Sandstrand mit Dünengürtel besitzt, der eine Fortsetzung der Dünenwelt von Kandestederne darstellt. Hier besteht auch ein offizieller FKK-Strand. Fischerhäuser und gepflegte, leicht nostalgisch wirkende Hotels bilden in Gammel Skagen ein harmonisches Ganzes. Vielleicht schaffen Sie es, ungefähr zur Zeit des Sonnenuntergangs hier zu sein: Von der Höhe Kikkerbakken ist er so stimmungsvoll zu beobachten, daß man die Begeisterung der Maler für Landschaft und Licht Skagens nachempfinden kann.

An Ostseeküste und Kattegat

Falls Sie in der niederdeutschen Sprache nicht zu Hause sind: *Kattegat* heißt hochdeutsch: Katzenloch. Damit wird die Meerenge zwischen Jütland und Schweden bezeichnet, durch die Ost- und Nordsee zueinander finden können. Wo nun die Ostsee endet und die Nordsee beginnt, darüber mögen sich die Fachleute streiten. An der Spitze von Skagen jedenfalls treffen sich die Wasser der beiden Meere, vermischen sich, bäumen sich zu wirren Strudeln und lösen damit das Problem auf ihre Weise.

Daß Meer jedenfalls nicht gleich Meer ist, wird Ihnen bei der Fahrt durch Jütland recht deutlich vor Augen geführt. An der Westküste begegnen Sie immer wieder Dünen in allen Formen und erleben die unbändige Energie eines Meeres, das erbittert, fast kriegerisch gegen das Land anrennt. Kein Wunder, daß hier und da die Badenden nur bis zur Hüfte ins Wasser gehen sollen, um nicht von Brandung und Sog gefährdet zu werden.

An der Ostküste dagegen sind die Sandstreifen schmäler, häufig von grünen Wiesen eingefaßt, auf denen manchmal auch schon Kühe grasen. Selbst wenn das Meer stürmisch wird und die Brandung zischt, wirkt es nicht gleich bedrohlich, scheint es kraftvolle Spielerei zu sein und kein bitterer Ernst.

Man könnte es auch so sagen: Die Ostsee, wie sie sich im Süden der Küste zum Kleinen Belt hin, aber auch nun im Kattegat darbietet, ist friedlich und dem Menschen wohlgesinnt. Sie läßt ihn ohne Schwierigkeiten Städte und Häfen bauen – an der Westküste ist das beinahe immer mit einem Wagnis verbunden.

Vergleichen Sie doch einmal: An der Westküste zählen Sie insgesamt vier Häfen, die ausnahmslos erst später und dreimal erst in unserem Jahrhundert angelegt worden sind: Esbjerg, Hvide Sande, Hanstholm und Hirtshals. Die Ostküste besitzt eine Kette von traditionsreichen natürlichen Hafenstädten, rund ein Dutzend mindestens. Dazu gehö-

ren die beiden größten Städte von Jütland: Århus und Ålborg, ferner noch zahlreiche kleine Buchten mit Fischereihäfen.
Das hat selbstverständlich zur Folge gehabt, daß das Land zur Ostküste hin dichter besiedelt ist, daß mehr Straßen kreuz und quer ziehen. Wollte man Jütland von seiner Mitte her im Gleichgewicht halten, dann würde es seine Hauptlast im Osten haben und dorthin überkippen. Denn hier wohnen ungefähr vier Fünftel der Bevölkerung gegen ein Fünftel im Zuge der Westküste. Sehen Sie sich einmal auf der Karte an, wieviel weißen »freien« Raum der westliche Teil zeigt gegenüber der belebten Vielfalt an der Ostseite.

Wo ist es schöner?

Doch ich käme in Verlegenheit, wenn Sie von mir wissen wollten, wo es denn nun schöner sei – an der Ost- oder an der Westküste. Das hängt schon einmal vom Klima ab. Für manchen ist das stärkere Reizklima der Nordsee ideal, für andere ist es zu kräftig. Und – demgemäß – auch umgekehrt. Eines schickt sich hier nicht für alle, wobei Sie auch an Ihre Kinder denken sollten. Hinzu kommt, daß der landschaftlichen Vielfalt des Ostens die stille Einsamkeit des Westens gegenübersteht, wobei wir die verhältnismäßig kurze Zeit der Hochsaison, die ja für Dänen schon Mitte August endet, mit ihrem Gewimmel einmal außer acht lassen sollten. Wie einsam es sein kann, erlebt, wer einmal im Oktober oder Januar/Februar die Strände an der Nordsee besucht und sich den Wind um die Nase wehen läßt.
Ein gerechter Vergleich müßte auch berücksichtigen, daß die Sehenswürdigkeiten von Städten etwas anderes darstellen als Schönheiten der Natur, daß der eine das Museum höher bewertet als die Wanderdüne. Schließlich hat die Westküste ihr »Soll« an Inseln bereits im südlichen Jütland erfüllt, während die Ostküste einige ihrer reizvollen Eilande erst im Lauf der Strecke nach Norden ins Spiel bringt.
Ich meine, Jütlands Vorzug liegt gerade in den Unterschieden, die sich zwischen Nord- und Ostsee, zwischen Küsten und Binnenland, zwischen Meer und Seen ergeben. Nirgends ist das Land so breit – das gilt besonders im äußersten Norden –, daß Sie nicht am Vormittag in der Ostsee und am Nachmittag in der Nordsee baden könnten, daß Sie nicht den Wechsel der Landschaften bei einer solchen Fahrt querlandein beobachten und erleben könnten.

Auf dem Wege nach Århus

Sie erinnern sich: Kolding war die letzte Station unserer Ausflugsziele im Süden Jütlands. Von hier führen zwei Straßen, darunter die dänische A 1, zur Insel Fünen. Die beiden Brücken, die den Kolding Fjord in seinem nördlichen Teil überqueren, liegen bereits nahe der Stadt Fredericia. Auch wenn Sie nicht nach Fünen wollen (das ein schönes Ausflugsziel darstellt), sollten Sie sich die beiden Brücken einmal anschauen. Die erste wurde 1935 übers Wasser gezogen und wird mit einer Höhe von 33 Metern von vier Pfeilern getragen. Moderner und großzügiger und von einer Autobahn begleitet, zeigt sich die 1970 dem Verkehr übergebene Hängebrücke, die Nordeuropas größte ist: 600 Meter Spannweite zwischen zwei Brückentürmen bei einer Gesamtlänge von 1080 Metern.

Der Name von *Fredericia,* das Sie von beiden Brücken aus rasch erreichen, geht auf Frederik II. von Dänemark zurück, der gegen Ende des Dreißigjährigen Krieges die Festungsstadt errichten ließ, um damit die Verbindung zwischen Jütland und Fünen zu beschützen. Natürlich gab es im Lauf der Jahre Kämpfe um diesen Stützpunkt. Anfang unseres Jahrhunderts hatte Fredericia seine Rolle als Festung ausgespielt und wurde geschleift. Hauptgrund war die Tatsache, daß die Stadt einfach aus den Nähten ihrer engen Wälle zu platzen drohte. Inzwischen hat sie es auf rund 45 000 Einwohner gebracht. Ursprünglich hatte der Dänenkönig sogar Mühe, seine Festungsstadt zu bevölkern, und mußte Neubürgern allerlei Vorteile versprechen. Dadurch kamen beispielsweise französische Hugenotten hierher, die noch heute ihre eigene Kirche besitzen: die reformierte Kirche von 1735.

Bauern wurden seinerzeit in harter Fron gezwungen, die 5,5 Kilometer langen Wälle auszuheben und aufzutürmen. Es war kein angenehmer Zeitvertreib. Heute werden die Wallanlagen als echte Sehenswürdigkeit besucht; denn Fredericia ist Dänemarks einzige Stadt, die über solche kriegerischen Einrichtungen verfügt. Als die Festung geschleift wurde, beseitigte man den Südwall mit dem Wallgraben, so daß dort der moderne Hafen entstehen konnte, der neuerdings 15 Meter Tiefe aufweist. Jedenfalls ist man mit beachtlichem Erfolg bemüht, eine Synthese aus alten Wällen und moderner Architektur herzustellen. Vermutlich reizt Sie besonders das Alte: Besichtigen Sie also die *Hauptwache* und das *Stadttor (Prinsensport),* die beide 1735 entstanden. Bummeln Sie über den Wall zu den alten Kanonen bei der *Prinsens Bastion* und der *Prins Georg Bastion.* Schön ist der Blick von der *Danmarks Bastion* auf Kattegat, Kleinen Belt, Fünen. Übrigens setzte Fredericia als erste Stadt der Welt dem unbekannten Soldaten ein Denkmal: Es steht seit 1858 bei Danmarks Port und Prinsens Port unter dem Namen »Der tapfere Landsoldat«, ein Werk des Bildhauers Bissen.

Die beiden wichtigsten Kirchen stammen zwar aus dem 17. Jahrhundert, doch Sie müssen sie nicht unbedingt besuchen. Auch das *Museum* (geöffnet außer Montag von 14 bis 18 Uhr) wendet sich mehr an Spezialisten mit Zimmern des 18. und 19. Jahrhunderts, Kirchen- und Synagogeneinrichtungen, Kriegserinnerungen. Am eindrucksvollsten ist hier die größte Leuchtensammlung Nordeuropas.

Hauptausflugsziel von Fredericia ist die hübsche Halbinsel *Trelde Naes* mit dem Dörfchen Trelde. Da ein großer Teil des 100 Hektar großen, teilweise bewaldeten Gebiets unter Naturschutz steht, müssen Sie den Wagen auf einem Parkplatz stehen lassen. Sie finden bescheidene Strände, ein Tiergehege (in erster Linie für Kinder) und Campingmöglichkeit. Bedenken Sie aber, daß von Kolding aus Ihre eigentliche Strecke auf der A 10 nördlich führt und Fredericia rechts liegen läßt. Der Abstecher erfordert einige Zeit, gibt Ihnen aber die günstige Möglichkeit, auf einer schönen Nebenstrecke in der Nähe des Vejle-Fjords die Fahrt nach Vejle anzutreten.

Bleiben Sie von Trelde aus dicht an der Küste, damit Sie mit *Hvidbjerg* einen ebenso anziehenden wie gutbesuchten Badeort kennenlernen. Schön ist der Blick vom Steilufer auf den *Vejle-Fjord.* Zum Strand führen 80 Stufen hinab. Im »Oberland« gibt es rund 100 Hotelbetten und 800 Ferienhäuser sowie Campingmöglichkeit und Privatzimmer. Der Strand ist zwar nicht allzu breit, aber doch sandig. Badestege führen ins Wasser.

An dem kleinem Dorf *Brejning* vorüber – mit Ferienhäusern und hübschem kleinen Hotel – erreichen Sie den Strandwald von *Munkebjerg,* eine besonders anziehende Umrahmung des Vejle-Fjords. Hier liegt in 93 Meter Höhe mit dem »Munkebjerg-Hotel« und seinen 226 Betten eine elegante Unterkunft mit guter Küche, Golf- und Tennisplatz. Die ruhige Lage ist ein weiterer Vorzug – Strand allerdings suchen Sie vergeblich. Von hier aber führt Dänemarks einzige Serpentinenstraße durch den Buchenwald zügig abwärts und öffnet rasch den Blick auf den Fjord. Über ihn wird in absehbarer Zeit die Autobahn führen: Die Pfeiler für eine mächtige Brücke sind gesetzt – demnächst wird der Verkehr hinüberrollen und ganz neue Ausblicke ermöglichen.

Im innersten Punkt des Fjords liegt die Stadt *Vejle* selbst mit rund 50 000 Einwohnern. Sie kann ihre Geschichte zwar bis ins 14. Jahrhundert zurückverfolgen, aber durch Brände sind die alten Häuser vernichtet worden, so daß historische Sehenswürdigkeiten dünn gesät sind. Lediglich die *St. Nikolaikirche,* ein gotischer Bau mit Teilen aus dem Jahr 1250, hat Patina, auch wenn sie mehrfach Umbauten erlebte. Außer einem alten Granittaufbecken und einem Altarbild von 1791 bewahrt die Kirche die im Haraldskaer Moor gefundene Leiche einer vor 1600 Jahren dort begrabenen Frau auf. Die sieben Löcher in der Nordmauer der Kirche kennzeichnen die Schädel von hingerichteten Räubern. Übrigens klingt in der Saison täglich das Glockenspiel der Kirche über die Stadt, die wegen ihrer grünen Hügel in der Umgebung die scherzhafte Bezeichnung »Bergstadt« erhielt. Ihr Kennzeichen ist die Vejle-Windmühle, die nach einem Brand 1846 wieder aufgebaut wurde. Das *Museum* der Stadt (täglich außer Montag von 11 bis 16 Uhr geöffnet) besitzt moderne Kunst und eine Grafiksammlung mit Handzeichnungen von Rembrandt. Achten Sie auf die alten Laternen davor!

Vejles Umgebung besteht zunächst einmal im nördlichen Ufer seines Fjords mit hübscher Landschaft und ein paar bescheidenen Bademöglichkeiten wie *Daugårdstrand* oder *Fakkegrav,* während *Juelsminde* schon wieder an der offenen See liegt. Es ist ein beliebter Badeort von 2000 Einwohnern mit ausgedehnter Ferienhaussiedlung und mehreren Campingplätzen, der auch gern von Seglern aufgesucht wird.

Von Vejle aus können (und sollten) Sie aber mit *Jelling* im Nordwesten (an der A 18 in Richtung Herning) einen wichtigen Platz dänischer Frühgeschichte besuchen. Hier wölben sich nicht nur die 10 Meter hohen Grabhügel des Wikingerkönigs Gorm und von Königin Thyras aus dem 10. Jahrhundert, sondern auf den beiden *Runensteinen* des

Jellings Runenstein verzeichnete bereits Anno 960 erstmals den Namen Dänemarks

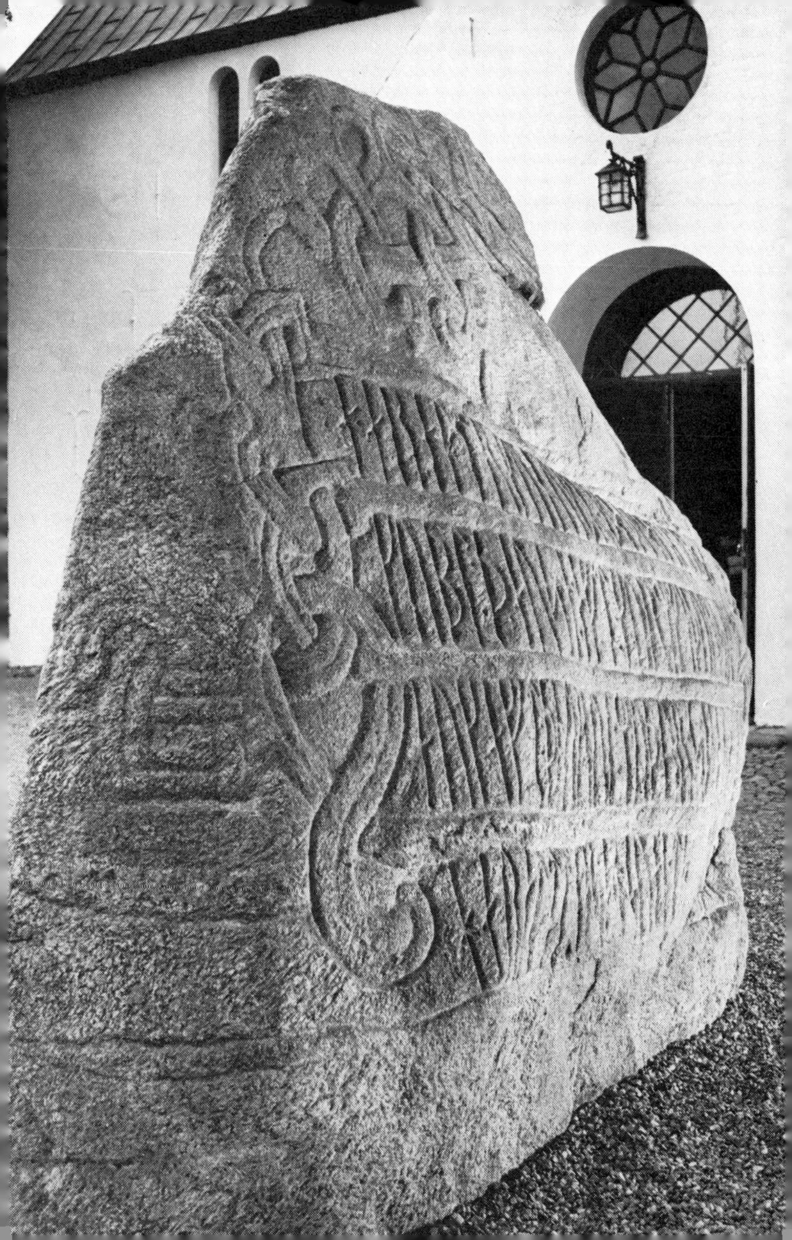

Jahres 960 findet sich zum ersten Mal der Name Dänemark. Die *Kirche* enthält die ältesten Fresken Dänemarks. Dicht dabei ein kleines, reetgedecktes *Museum* mit Einzelheiten über den Platz – geöffnet von 10 bis 21 Uhr.

Wenn Sie von Vejle die A 13 ein Stück nach Norden fahren, gelangen Sie rasch in die Nähe von *Grejsdal*. In diesem waldreichen Naturschutzgebiet liegt mit *Tinnet Krat* das Quellgebiet, das die Wasserscheide Jütlands bildet. Hier entspringen in einem Abstand von wenigen Metern die Gudenå und die Skjernå. Das wäre nichts so Besonderes, wenn nicht die eine in die Nordsee, die andere ins Kattegat flösse! Für Ihre Weiterfahrt von Vejle aus gibt es zwei Möglichkeiten. Entweder wählen Sie den geraden Weg auf der A 10 nach Nordosten, auf dem Sie nach reichlich 25 Kilometern die Stadt Horsens erreichen. Oder aber – vielleicht in Verbindung mit Ihrem Ausflug nach Juelsminde – Sie machen den bei weitem längeren, dafür aber auch reizvolleren Umweg längs der Küste. Zunächst einmal haben Sie westlich von Juelsminde von dem 110 Meter hohen Hügel *Troldemose Bakke* einen prächtigen Ausblick. Über die Bucht von As (As Vig) erreichen Sie *Glud,* ein 1912 begonnenes *Freilichtmuseum,* das eine Anzahl der ältesten Bauernhöfe Dänemarks enthält, der älteste von 1688! In einer Halle sind volkskundliche Sammlungen aufbewahrt, bäuerliches Hausgerät aller Art. Montags ist außer der Saison geschlossen. Im Sommer liegen die Öffnungszeiten von 10 bis 12 und 13.30 bis 18 Uhr. Von hier ist es nicht mehr weit zum romantischen Fischerdorf *Snaptun,* dem die *Insel Hjarnø* mit menhirähnlichen Steingebilden vorgelagert ist. Damit haben Sie den Ausgang des *Horsens Fjord* erreicht.

Einige Inseln schützen *Horsens,* das wieder im innersten Winkel seines Fjords liegt, vor der offenen See. Die im Jahr 1148 gegründete Stadt, heute über 50 000 Einwohner und durch Industrie und Handel aktiv, verdankt ihr Gesicht den Bauten reicher Kaufleute des 18. Jahrhunderts. Diese malerischen Häuser finden Sie besonders in der Søndergade und am Åboulevarden. Stolz jedes Horseners ist jedoch das *Byholm Slot,* ein Schloß von Anfang des 14. Jahrhunderts, heute jedoch nur noch eine Ruine, neben der ein 200 Jahre alter Neubau (Hotel und Restaurant) steht. Im *Park* stoßen Sie auf eine Reihe ungewöhnlicher Baumarten. Am Bahnhof stehen im Vitus-Bering-Park die Schiffskanonen, die der 1680 in Horsens geborene Bering – nach dem die Beringstraße benannt ist – auf der Beringinsel postierte. Er stand damals in russischen Diensten, die Sowjetunion stellte diese Kanonen der Stadt zur Verfügung. Historischen Rang hat auch die um 1200 errichtete *Klosterkirche,* die auch innen beachtliches Inventar aufweist. Das täglich zwischen 13 und 17 Uhr geöffnete *Museum* enthält außer Material zur Stadtgeschichte Werke dänischer Künstler ab 1800 und in einem angegliederten Teil ein *Handwerksmuseum.*

Auch in Horsens stehen Sie wieder vor der Entscheidung, auf welchem Weg Sie nach Århus gelangen wollen. Die A 10 über Skanderborg ist der rascheste Weg, die Küstenstrecke über Odder und Norsminde ist erheblich länger. Beide haben ihre landschaftlichen Reize. Falls Sie ohnehin an der Ostküste bleiben wollen, können Sie bei Hin- und Rückfahrt abwechseln.

Die Kurzstrecke auf der A 10 führt Sie nach etwa 10 Kilometern in ein Gebiet stattlicher Hügel, wo Sie westlich zu *Ejer Bavnehøj* abzweigen müssen: Mit diesem Punkt und Aussichtsturm haben Sie den mit 172 Meter höchsten Punkt Jütlands erreicht. Natürlich wurde hier auch ein Restaurant errichtet. Wie immer »im Gebirge«, macht noch ein anderer »Gipfel« – die *Yding Skovhøj* beim nahen Såby – geltend, daß er noch einen Meter höher sei. Es sollte Ihnen genügen, daß Sie sich hier in einer abwechslungsreich waldigen Hügellandschaft befinden, die den Übergang zum Wald- und Seengebiet zwischen Skanderborg und Silkeborg bildet.

Ihr nächstes Ziel ist *Skanderborg,* das sich mit Seen zu beiden Seiten der A 10 ankündigt. Wie schön diese Stadt von 10 000 Einwohnern liegt, erkannten schon die alten Könige zu Anfang des 12. Jahrhunderts, die hier eine Burg errichteten. Leider wurde das Schloß, mit dem sich einige historische Ereignisse Dänemarks verbinden, 1767 abgebrochen. Was davon übrigblieb, sind die *Schloßkirche* von 1572 auf der Insel *Slotsholm* und ein Turm, von dem Sie die Aussicht über Skanderborg genießen können. Auf dem Schloßhügel eine Marmorbüste von König Frederik VI., die Thorvaldsen 1845 schuf. Zwischen dem »Hotel Skanderborghus« und dem See das Reiterdenkmal von Königin Dagmars Dreng mit dem Datum von Mai 1212.

Vorüber am Stillingsee, der eine Wasserskianlage besitzt, und Hørning – hier Abstecher zu Pinds Mølle, Mühle mit Teichen und Fischzucht – und durch die Industriegebiete von Viby fahren Sie in Jütlands größte Stadt Århus.

Falls Sie die Küstenstrecke vorziehen, erreichen Sie von Horsens aus nach Osten den kleinen Hafenort Hov, von dem aus Schiffe einer privaten Reederei zu den vorgelagerten Inseln Tunø und vor allem Samsø (siehe Seite 98 f.) verkehren. In der Hauptsaison verkehrt das Schiff, das 75 Minuten nach Samsø benötigt, acht- bis zehnmal täglich. Längs der Küste zur Århus-Bucht, beginnend mit Hov selbst, bestehen verschiedene Bademöglichkeiten, die vor allem von Odder aus erreicht werden.

Odder hat zwar 6000 Einwohner, gilt jedoch trotzdem nicht als Stadt, sondern zieht es vor, Jütlands größtes Dorf zu sein. Dabei ist die Odder-*Kirche*, die um 1150 erstand, eine der ältesten Gemeindekirchen Dänemarks. Einen Besuch wert ist auch das *Museum,* in dem sich außer Europas ältester Branntweinbrennerei ein im Moor erhaltenes altes Boot aus Eiche mit Runeninschrift und einstige Trachten befinden. Sommerliche Öffnungszeiten: 14 bis 16, am Wochenende 14 bis 17 Uhr. Östlich von Odder liegen die Strände von Saksild und Rude mit schmalem Sandstrand und Ferienhäusern. *Saksild* hat Steilküste, die sich auch zum folgenden *Kysing* fortsetzt, das einen Ruf als FKK-Strand besitzt. Vom oberhalb gelegenen Parkplatz mit Liegewiese (gut für Picknick) überblicken Sie das Meer mit den Inseln Tunø und Samsø vor sich. *Norsminde* an einem kleinen, durch eine Brücke passierbaren Fjord ist weniger durch seinen Strand als seinen besonders urigen Kro bekannt und beliebt und wird auch von Seglern aufgesucht. Etwas landeinwärts besitzt *Malling* einen Friedhof, der mit einer vier Meter hohen Feldsteinmauer geradezu wehrhaft befestigt ist.

Ihre Weiterfahrt an der Küste auf Århus zu führt zunächst durch das gepflegte Sommerhausgebiet von *Mariendal,* dessen Strände nur privat genutzt werden, und zieht sich dann durch ein Laubwaldgebiet hin, das bis vor die Tore von Århus reicht. Hier können Sie zu dem modernen vorgeschichtlichen *Museum* von *Moesgård* abzweigen, das nicht nur schön liegt, sondern auch reichhaltige und instruktiv dargebotene Sammlungen besitzt, zu denen der »Grauballemann« gehört: eine 1600 Jahre alte sogenannte Moorleiche (eine andere, den »Tollundmann«, finden Sie in Silkeborg!). In freier Natur verbindet ein »vorgeschichtlicher Fußweg« wichtige Bauten und Denkmäler aus alter Zeit miteinander. Das Museum ist von Mai bis Mitte September zwischen 10 und 17 Uhr geöffnet. Mit den Anlagen rings um das *Schloß Marselisborg* – Tierpark, Trabrennbahn und Tivoli – sind Sie bereits in der Stadt Århus.

Das sind »getrocknete Jüten«, wie sie die Fischer von Frederikshavn (und anderswo) nennen

Århus, Jütlands größte Stadt

Schon die Wikinger lebten hier, wo heute eine Großstadt von 200 000 Einwohnern mit viel Industrie und bedeutendem Hafen ihre Aktivität entfaltet. Allein seit Kriegsende hat Århus seine Einwohnerzahl beinahe verdoppelt. Was Kopenhagen für die Insel Seeland bedeutet, das ist Århus für Jütland. »Sein« Tivoli hat es auch, einen familienfreundlichen Vergnügungspark: »Tivoli Friheden« gehört zu den Einrichtungen im Bereich des *Schloßparks* und ist von Ende April bis Mitte

August zwischen 10 und 23 Uhr geöffnet, wobei die eigentlichen Vergnügungsstätten allerdings erst nachmittags ab 14 Uhr öffnen.
Die Geschichte von Århus läßt sich bis zum Jahr 924 zurückverfolgen. Damals wurde es Bischofssitz und erhielt seine erste Kirche. Das Stadtrecht ließ dann freilich bis 1441 auf sich warten. Damit muß Århus einer Reihe anderer Städte in Jütland, so etwa dem 100 Jahre älteren Ålborg, den Vortritt lassen. Nach der Reformation trat in der Entwicklung ein Stillstand ein, bis ab 1700 der Handel aufblühte.
Der Hafen, dessen Ursprünge bis ins Mittelalter zurückreichen, wurde zum Ursprung eines beständigen Wohlstands. Jedes Jahr laufen hier rund 10 000 Schiffe ein und aus, womit der Hafen nach Kopenhagen zweitgrößter Dänemarks ist. Er umfaßt rund 100 Hektar Fläche, davon 78 Hektar Wasser. Kais von 10 Kilometer Länge. Güterumschlag jährlich rund 4 Millionen Tonnen. Das können Sie bei einer Hafenrundfahrt durch fünf Hafenbecken und Fischereihafen im Sommer besichtigen. Von Århus laufen die Fährschiffe nach Samsø, Kalundborg, Kopenhagen und Oslo aus.
Seit 1928 ist Århus Universitätsstadt, deren Universität sich ständig ausdehnt und annähernd 17 000 Studenten aufweist. Seit 1965 findet alljährlich eine *Festwoche* statt, die in der ersten Septemberhälfte liegt und Theater, Konzert, Oper, Ballett und Volksfeste umfaßt.
Auch wenn Sie glauben, für eine Großstadt in Ihrem Urlaub oder auf der Durchreise gar keine Zeit zu haben – eine Anlage sollten Sie wirklich nicht einfach übersehen. Es ist *Den gamle By,* die alte Stadt. Hier hat man 60 Fachwerkhäuser aus ganz Dänemark zusammengetragen und zu einer kleinen »Stadt« vereinigt, durch deren Straßen man wie vor einigen hundert Jahren spaziert. Mittelpunkt ist der beinahe 400 Jahre alte Bürgermeisterhof auf dem Markt, in ihm historische Möbel aus dänischen Bürgerhäusern. Neben Wohnhäusern sind auch Werkstätten, Mühlen, Zollhaus, Post und anderes berücksichtigt. Die Zeit zwischen 1600 und 1850 wird im Spiegel einer dänischen Provinzstadt lebendig. Sogar Opern werden auf einer 150 Jahre alten Kammerbühne aufgeführt. Der Schöpfer dieses großartigen Freilichtmuseums, Peter Holm, ging von der Vorstellung aus, daß der Besucher von heute meinen könnte, alles wäre noch bewohnt, jedoch seien nur zufällig die Menschen gerade abwesend. Durch die Straßen gehen kann man tagsüber zu jeder Jahreszeit. Aber das Innere der Häuser mit Sammlungen ist von Mai bis September nur von 10 bis 17 Uhr zu besichtigen. An-

dere Termine: April und Oktober 10 bis 16 Uhr, März und November 11 bis 15 Uhr, Dezember, Januar und Februar 11 bis 13 Uhr und sonntags 10 bis 15 Uhr.

Doch das ist bei weitem nicht alles, was in Århus sehenswert ist. Es beginnt – wie sollte es anders sein? – mit den Wikingern. Ihnen begegnen Sie mitten in Århus unter dem Gebäude der Andelsbank, Clemenstorv, wo man bei Bau-Ausgrabungen erst vor einem guten Jahrzehnt die Reste des Halbkreiswalls fand, mit dem die Wikinger ihre Gemeinschaft umgaben. Im Keller der Bank finden Sie ein kleines *Museum* mit einem typischen Wikingerhaus. Sie können es an Werktagen von 9.30 bis 16 Uhr (Donnerstag bis 18 Uhr) besuchen.

Århus besitzt zwei wichtige Kirchen: den *Dom St. Clemens,* der mit einem 93 Meter langen Schiff Dänemarks längste Kirche ist. Der spätgotische Bau entstand Mitte des 15. Jahrhunderts. Von den wertvollen Schätzen des Inneren sollten Sie besonders die *Altartafel* beachten, die eine Arbeit des Holzschnitzers Bernt Notke ist (falls sie aus der Restaurierung zurück ist). Öffnungszeiten der Kirche von Mai bis September 9.30 bis 16 Uhr, sonst 10 bis 15 Uhr. Die gotische *Frauenkirche* verdankt ihre Entstehung Dominikanermönchen, und der einstige Kapitelsaal der Mönche wurde zur Kirche übernommen. Als 1955 unter dem Kirchenchor ein kleiner Kirchenraum entdeckt wurde, stieß man auf eine bereits um 1060 erbaute kleine Tuffsteinkirche. Sie ist als älteste gewölbte Steinkirche in Nordeuropa anzusehen und wurde inzwischen restauriert. In der Frauenkirche sind Fresken und die Altartafel der Werkstatt Claus Berg von 1520 zu beachten. Die Öffnungszeiten: Mai bis September an Werktagen 11 bis 17 Uhr, am Samstag 10 bis 14 Uhr, sonst an Werktagen 10 bis 14 und am Samstag 10 bis 12 Uhr.

Ein moderner Bau – 1941 beendet – ist das *Rathaus,* von hohen Linden des Parks halb verdeckt. Herausragend der 60 Meter hohe Turm. Vor dem Rathaus eine der liebenswertesten dänischen Plastiken: der Schweinebrunnen; am Fuß des Turms ein Springbrunnen: »Agnete und der Wassermann«. Führungen durchs Rathaus von Mitte Juni bis in den September täglich außer Sonntag (für Ausländer) um 16 Uhr. Der Turm kann täglich außer Sonntag um 12 oder 14 Uhr bestiegen werden, jedoch auch nur von Mitte Juni bis 10. September.

Zählt man die *Museen* von Århus, dann kommt man auf die beachtliche Zahl von annähernd zehn – einige, wie das Vorgeschichtsmuseum

von Moesgård, das Wikinger-Museum, die Alte Stadt, habe ich Ihnen schon vorgestellt. Von den anderen ist an erster Stelle das *Kunstmuseum* zu nennen, das einen Überblick über dänische Malerei, Bildhauerei und Graphik von etwa 1770 bis heute gibt. Es ist an Werktagen (außer Montag) von 10 bis 16 Uhr, am Wochenende von 10 bis 17 Uhr geöffnet. Liebhaber der Feuerwehr können mit *Det Danske Brandvaernsmusem* Nordeuropas (oder sogar der Welt?) größtes Museum dieses Genres besichtigen und sich an Feuerwehrautos und -ausrüstung ergötzen: zwischen 1. Mai und 10. September täglich, außer Montag, von 10 bis 17 Uhr. Im *Naturhistorischen Museum* sind eine zoologische und eine geologische Abteilung zusammengefaßt. Zu den Anlagen des Waldes von Marselisborg gehören ein *botanischer Garten* und ein *tropisches Gewächshaus*.
Falls Sie Ihre Kenntnis von Århus bei einer Stadtrundfahrt gewinnen wollen, steht dem nichts im Wege. In zwei Stunden präsentiert man Ihnen zu Fuß und im Bus alle Sehenswürdigkeiten einschließlich des Hafens. Die Rundfahrten beginnen zwischen 15. Mai und 9. September täglich um 11 Uhr am Verkehrsverein im Turm des Rathauses. Achten Sie auch auf das durchgehende i = Information, das Sie hinbringt.

Fruchtbare Insel Samsø

Von Århus oder auch von Hov (siehe Seite 94) aus können Sie mit dem Fährschiff zur 114 Quadratkilometer großen Insel Samsø im Kattegat fahren. Auf ihr leben 6000 Einwohner. Die Insel ist 26 Kilometer lang und bis zu 7,5 Kilometer breit. Für die Überfahrt von Århus – die Fährschiffe fahren gewöhnlich nach Kalundborg weiter – brauchen Sie rund zwei Stunden.
Samsø war ursprünglich eine Fischerinsel. Später gewann die Landwirtschaft an Bedeutung: Von hier gehen insbesondere Spargel und Frühkartoffeln in andere Teile Dänemarks. Nirgends erhalten Sie Kartoffeln, die leckerer schmecken als auf Samsø! In den letzten Jahr-

Die Zeit blieb stehen in »Den gamle By« von Århus

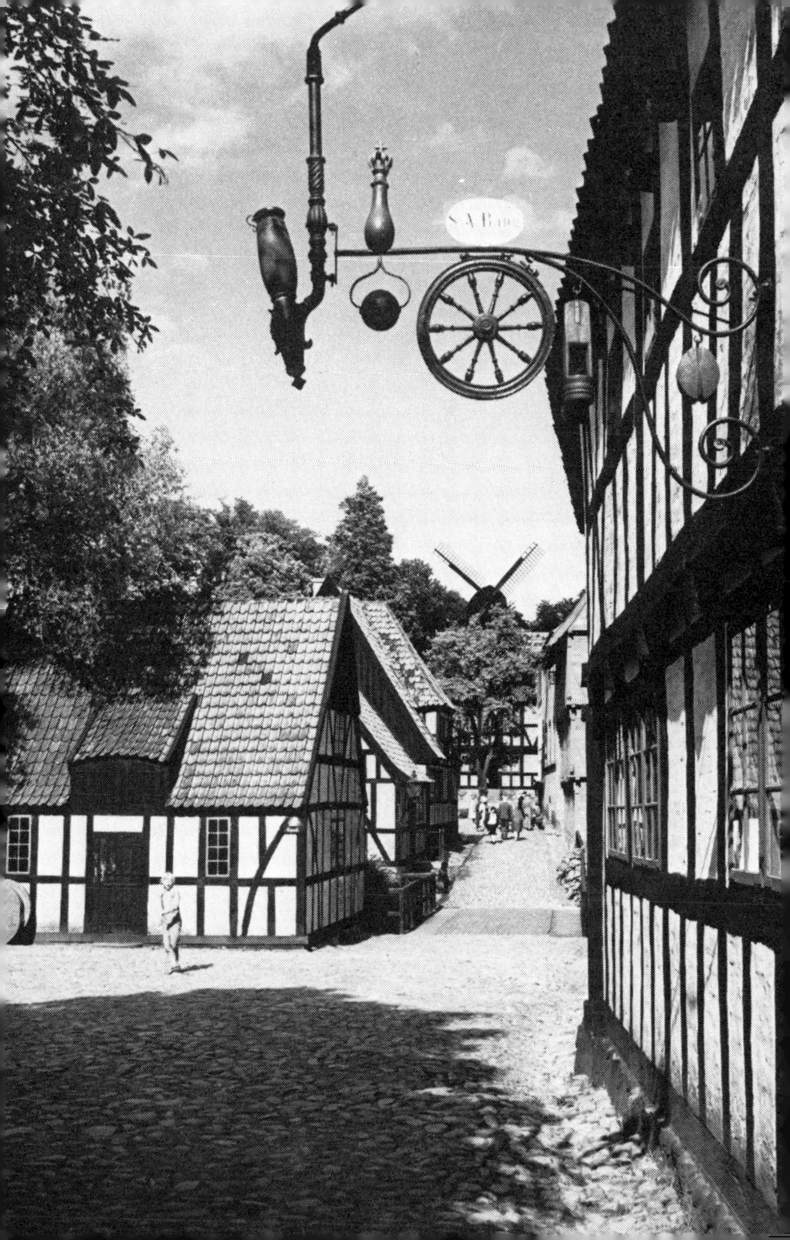

zehnten wird die Wirtschaft der Insel aber auch durch den Fremdenverkehr günstig beeinflußt, obwohl sie bisher – jedenfalls von deutschen Gästen – nur von Kennern besucht wird.

Besiedelt war Samsø schon zur Steinzeit. Wenn Sie einen Blick auf die *Kirche* des wichtigsten Inselorts *Tranebjerg* werfen, dann entdecken Sie einen Turm mit Schießscharten, die an eine kriegerische Vergangenheit erinnern. Auch sonst gibt es noch alte Befestigungen.

Samsø behauptet von sich nicht mehr und nicht weniger, als daß es ganz Dänemarks geographischer Mittelpunkt sei. Das kann sogar stimmen. Aber Gäste kommen hierher, weil die Landschaft anziehend und abwechslungsreich ist, weil es einige Badestrände gibt und die Dörfer mit ihren malerischen Fachwerkhäusern den Rahmen für einen gemütlichen Urlaub abgeben. Schließlich kann man auf Samsø typische Züge vieler dänischer Landschaften finden – sozusagen Dänemark im Liliputformat.

Tranebjerg ist in der Mitte der Insel gelegen. Die wehrhafte *Kirche* stammt von Anfang des 14. Jahrhunderts, und auch die Kirchenscheune in gotischem Stil hat sich gut erhalten. Vielleicht sogar noch mehr Freude als an der Kirche mit ihrem kompakten Turm haben die Gäste an der 300 Jahre alten *Bockmühle* nicht weit davon. Größte Sehenswürdigkeit ist jedoch der *Museumshof,* ein Bauernhof von einst mit einer Einrichtung aus der Zeit um 1800. Sie können den Komplex während des Sommers von 10 bis 12 und 14 bis 17 Uhr (Wochenende 10 bis 12 und 16 bis 19 Uhr) besichtigen.

Erster Ort auf Samsø, wenn Sie mit dem Fährschiff der Danske Statsbaner von Århus kommen, ist jedoch *Kolby Kaas* im Südteil der Insel. Vom Ort Kolby erreichen Sie nach Süden den Vesborg Leuchtturm, bei dem Sie als Reste des Schlosses Vesborg eine mittelalterliche Wallmauer erkennen. Der Blick vom Steilufer des Leuchtturms ist recht eindrucksvoll. Ebenfalls hier im Süden liegt das neuere Schloß – oder besser Herrenhaus – von *Brattingsborg* mit Park. Achten Sie auf die zahlreichen *Hünengräber,* die sich sichtbar aus der Landschaft heben.

Von Hov aus landet Ihr Fährschiff in dem kleinen Hafenort *Saelvig*, von dem Sie rasch auf der einzigen Straße sind, die den Süden mit dem Norden verbindet. Vor allem stoßen Sie gleich nördlich von Saelvig in der folgenden Bucht auf einen der schönsten Sandstrände der Insel. Auf der Fahrt nach Norden passieren Sie die urwüchsige *Nordby*

Hede, also Heidegebiet, wo Samsø mit höchstens zwei Kilometern am schmalsten wird. Hinter Mårup bemerken Sie links auf der Höhe die Kirche von Nordby, 52 Meter über dem Meer. *Nordby* ist mit seinen anmutigen Fachwerkhäusern das schönste Dorf der Insel. Das gilt vor allem für den Bereich rings um den alten Dorfteich. Hier steht auch ein niedriger *Glockenturm,* von dem geläutet werden muß, weil die Glocken der entfernten *Kirche* im Ort selbst nicht vernehmbar sind. Über Nordby hinaus kommen Sie zum 64 Meter hohen *Ballebjerg,* dem höchsten Inselgipfel. Von ihm überblicken Sie den ganzen Norden von Samsø. Am Ostufer dieses nördlichen Inselteils liegt ein Campingplatz auf dem Steilufer, von dem es hinab zu einem schmalen Strand geht. Wenn Sie sich die Mühe machen, an die allernördlichste Inselspitze *Issehoved* zu fahren (und zuletzt zu laufen), finden Sie zwar keinen Sandstrand, höchstens ein kleines Sandstreifchen, aber die Stimmung an dieser Inselspitze, die meist einsam ist, gehört zu den unvergeßlichen Eindrücken von Samsø.

Durch die Nordby-Heide erreichen Sie die in einer Gruppe kleiner Nebeninselchen gelegene Landzunge von *Langør,* die gern von Seglern aufgesucht wird, während der Strand kaum der Rede wert ist. Die Fischerflotte Samsøs ist dagegen in *Ballen* an der Ostseite beheimatet. Von hier aus verläuft auch der Handelsverkehr mit der Insel Fünen. In der Inselmitte, nördlich von Tranebjerg, liegen ein paar stille Dörfchen abseits, von denen *Østerby* am verwunschensten erscheint. Sollten Sie auf der Suche nach einem Souvenir aus Keramik sein, werden Sie hier bestimmt etwas finden.

Das Quartierangebot reicht vom mittleren Hotel (in Tranebjerg und Nordby) über Sommerhäuser, Privat- und Bauernhofquartiere bis zu vier Campingplätzen. Ob Sie Samsø nur bei einem Ausflug oder für einen Urlaub besuchen, sollten Sie doch die Spezialität der Insel – außer den bereits erwähnten Kartoffeln – probieren: gebratenen Aal mit Apfelmus.

Djursland will erforscht sein

Ihr Weg von Århus nach Norden hat abermals eine schnelle Variante, bei der Sie bereits nach reichlich 30 Kilometern Randers erreichen, und einen Umweg, der mindestens fünfmal so lang ist und Ihnen Appetit macht, kreuz und quer durch Djursland zu bummeln. Djursland

heißt die Halbinsel, die nördlich von Århus und östlich und westlich von Randers weit nach Osten ins Meer hinausreicht. Es ist ein Gebiet, das reich an Waldgebieten, Herrenhäusern, Stränden und so originellen Landschaften wie den Mols Bergen ist. Djursland stellt eigentlich so etwas wie den Höhepunkt der Kattegat-Küste dar; das innere Djursland allerdings ist von der Küste ziemlich weit entfernt.
Die A 10 macht die Sache kurz und schmerzlos. Auf ihr passieren Sie mit dem 90 Meter hohen Kongsbjerg und dem 93 Meter hohen Hügel von Hølst eine abwechslungsreiche hügelige Landschaft. Aber mehr als eine halbe Stunde benötigen Sie nicht, um Randers zu erreichen. Dennoch: Selbst an dieser Blitz-Strecke könnten Sie sich noch den Abstecher zum *Schloß Rosenholm* leisten. Dazu müssen Sie Århus auf der A 15 über Skaering verlassen und bei Løgen links nach Hornslet fahren. Schloß Rosenholm schließt sich mit zwei Waldgebieten – von Rosenholm und Sophie Amaliegård – an. Es ist ein Renaissancebau von 1559, in dem sich Gobelins, alte Möbel und eine bedeutende Porträtsammlung befinden. Geöffnet ist es von Mai bis September von 10 bis 12 und 13 bis 17 Uhr; Führungen zu jeder vollen Stunde.
Der Besuch von Rosenholm steht auch am Anfang der Strecke durch Djursland, die Besichtigungs-, Bummel- und Entdeckungsstrecke also, ohne die Ihre Jütlandreise erheblich ärmer wäre. Sie merken, daß ich Ihnen diesen Zuckelweg schmackhaft machen möchte. Nach Rosenholm kehren Sie zur A 15 zurück, wobei Sie in einem Bogen etwas abseits der Kalø-Bucht fahren. Bei Følle (wo es ein Ferienhausgebiet ohne rechten Strand gibt) biegen Sie links ab, um nach *Thorsager* zu kommen. Vielleicht kennen Sie von einem Besuch auf der Insel Bornholm die dortigen wehrhaften Rundkirchen. Thorsager besitzt das einzige Gegenstück dazu in Jütland. Die *Kirche* bot den Umwohnern die Möglichkeit, im Kriegsfall hier Zuflucht zu finden und sich hinter den dicken Mauern erfolgreich verteidigen zu können.
Bei der Rückkehr zur A 15 achten Sie in Rønde auf den Hinweis zur Ruine des Schlosses *Kalø*. Es wurde im 14. Jahrhundert erbaut. In ihm saß Schwedens König Gustav Vasa als Gefangener. Vor 300 Jahren wurde es zerstört. Umrahmt ist der Weg zum Schloß an der Bregnet-Kirche vorüber von zwei hübschen Waldgebieten.
Am Ringelmose-Wald vorüber treten Sie jetzt die Fahrt zu den *Mols-Bergen* an. Ich möchte Ihnen dafür keine genaue Marschroute geben. Was ich Ihnen sagen muß, ist die Tatsache, daß die Hügelfor-

men der Mols-Berge eine jütländische Besonderheit sind. Die einsamen Höhen sind mit Heidekraut und Wacholder bewachsen. Überall stoßen Sie auf dem Weg über schmale Straßen auf Wasser, das in lustigen Buchten um das bizarre Gebilde Mols plätschert. Die Halbinsel ist beinahe überall ganz seenah. Eigentlich wäre es am besten, Sie gingen hier zu Fuß, um wirklich mehr zu schauen, als von Wagen und Straße her möglich ist.

Vielleicht gehört es zu dieser skurrilen Landschaft, daß die Bauern von Mols für Jütland und die Dänen das sind, was bei uns die Schildbürger bedeuten. Viele Geschichten beschäftigen sich mit der pfiffigen Einfalt, mit der die »Molsboerne« mit der Torheit dieser Welt zurechtzukommen suchen. Wohl nur in einer solchen Landschaft werden auch die Menschen zu Symbolen.

Ich will Ihnen wenigstens eine der Mols-Geschichten erzählen. So hatten die Mols-Bauern einmal einen Brunnen gegraben, der so groß geriet, daß hinterher ein stattlicher Haufen Erde übrigblieb. Das sah nicht schön aus. Was konnte man tun? Zum Glück hatte einer von ihnen eine Idee. »Leute«, sagte er, »ganz einfach: Wir graben woanders ein Loch und füllen die Erde hinein.« Das schien allen eine gute Lösung zu sein. Aber einer blieb doch etwas unschlüssig und fragte nachdenklich: »Ja, aber was sollen wir denn dann mit dem Haufen Erde tun, der übrigbleibt, wenn das Loch gegraben ist?« Zum Glück war der Klügste der anderen um eine Antwort nicht verlegen: »Lieber Freund, wer wird denn so töricht sein? Natürlich graben wir das Loch gleich so tief, daß die Erde von beiden Haufen darin Platz hat.« Nun konnte man also getrost mit der Arbeit beginnen . . . !

Einzige Stadt im Bereich von Mols ist *Ebeltoft* mit rund 3000 Einwohnern. Eine Kleinstadt mit vielen alten Häusern an der Ebeltoft-Bucht. Sie verwendet ihr altes *Rathaus* von 1576, das ziemlich winzig ist, als *Museum* und hat für die Verwaltungsarbeit ein neues gebaut. Abends ziehen vom Rathaus aus die *Nachtwächter* durch die Stadt und singen ihre alten Gute-Nacht-Sprüche. Vielleicht können Sie es einrichten, daß Sie das erleben. Immerhin gibt es neben ein paar Unterkünften in der malerischen alten Stadt auch ein ganz modernes, komfortables Hotel am Stadtrand namens »Hvide Hus«.

Nächste Seite: Zauber der Landschaft im Bereich der Mols-Berge

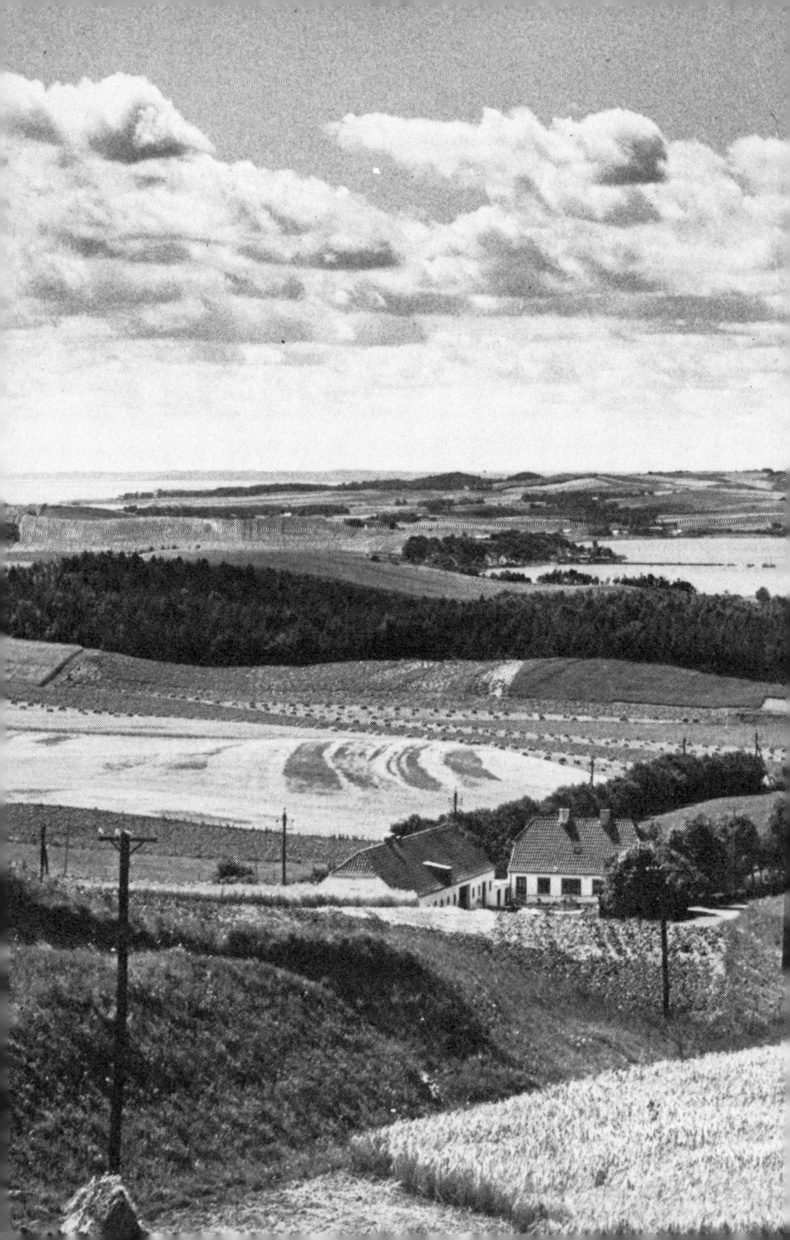

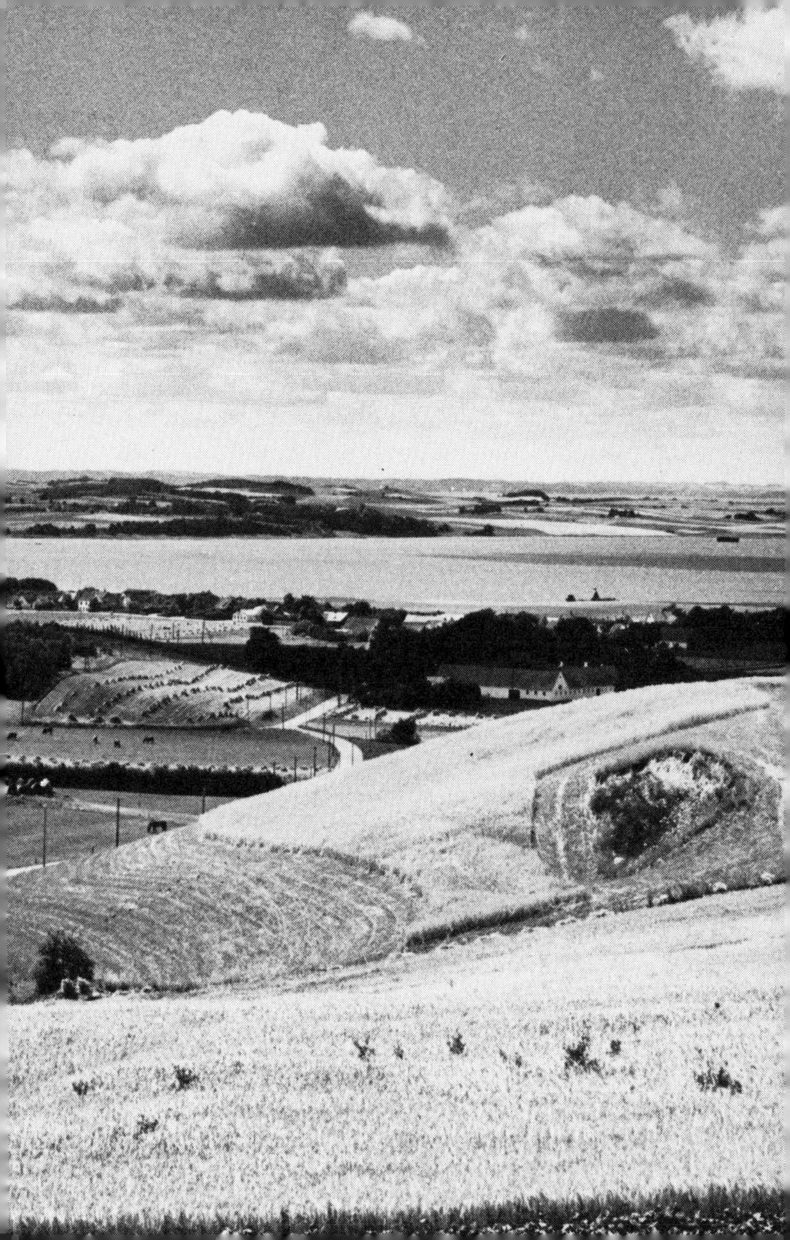

Der Bummel durch die Stadt – Fußgängerzone – bringt Sie zu *Rasmussens Gård,* dem alten Kaufmannshaus von 1611, das auch im Inneren so blieb wie in der alten Zeit. Schräg gegenüber der mit seinen alten Geräten erhaltene *Farvergård,* ein Färberhof. Auch der alte *Postgården* ist hübsch und enthält archäologische und volkskundliche Sammlungen aus Siam und Malakka. Wichtiger als diese oder jene Einzelheit ist freilich der Gesamteindruck. Allerdings kann in der Hochsaison das Gewimmel in den Straßen so zunehmen, daß auch in Ebeltoft die Gemütlichkeit aufhört. Denn außer den Ausflüglern kommen auch die Bewohner der Ferienhäuser in den Mols-Bergen zum Einkaufen hierher, und sei es, um beim berühmten Porno-Bäcker nackichte Männlein und Weiblein aus dauerhaft gemachtem Teig als Souvenir mitzunehmen.

Auch *Femmøller* mit *Lyngsbaek,* dem Strandgebiet an der Ebeltoft-Bucht mit schönen Sandgebieten, ist in den letzten Jahren immer lebhafter geworden. Da das Wasser hier nur recht langsam tiefer wird, zieht es Familien mit Kindern an. Der Name von Femmøller weist auf die fünf Mühlen hin – Wassermühlen übrigens –, die es hier früher gab. Nur noch vier können Sie heute entdecken.

Für Ihre Erforschung der Mols-Berge ein paar Tips. Höchster Berg ist mit 137 Metern Agri Bavnehøj. Vier Kilometer hinter Agri stoßen Sie bei Knebel auf das *Posekjaer Stenhus,* ein mächtiges Hünengrab, dessen Steine in Kreisform aufgestellt wurden. Übrigens finden Sie am Weg auch ein »Denkmal«, das sich die Leute von Mols, die Schildbürger, sozusagen selbst gesetzt haben.

Ihre Weiterfahrt auf der A 15 führt durch Waldanpflanzungen am Stubbe-See vorüber, vor oder hinter dem Sie zur Küste abbiegen können, um den 49 Meter hohen meernahen Aussichtspunkt *Jernhatten* zu genießen. Die Insel, die Sie dabei im Kattegat erblicken, ist Hjelm, südöstlich von Ebeltoft. Durch hügeliges Waldgebiet erreichen Sie den Herrensitz *Rugård,* natürlich auch als Schloß benannt, der um 1600 erbaut wurde. Sie können den *Park* besichtigen. Nehmen Sie die Strecke über Hoed und Ålsrode, um noch eines der Djursland-Schlösser kennenzulernen: den Herrensitz *Katholm,* um 1590 errichtet und noch von den Wallgräben umzogen.

Damit sind Sie schon recht nahe an *Grenå* herangekommen, das in diesem östlichsten Vorsprung von Jütland zugleich als Handelsstadt und Seebad Bedeutung hat. So zeigt es sich auch altertümlich und modern zugleich. Zuerst Grenås maritime Note: Von hier aus fahren Schiffe zur Insel Seeland (150 Minuten), zur Insel Anholt (ebenso lange, in der Hochsaison einmal täglich), zum schwedischen Hafen Varberg. Recht geschickt hat man in Grenå die Industrieanlagen in den Norden gelegt, so daß der schöne, einige Kilometer lange feine Sandstrand zum Süden hin davon nicht beeinträchtigt ist. Von Ålbaek hoch im Norden abgesehen, ist Grenås Strand wohl der beste am Kattegat. Hinter ihm zieht sich ein Heidegebiet hin, das auch vielen Ferienhäusern und dem Camping dient.

Beim Bummel durch die Stadt selbst, deren Geschichte bis aufs Jahr 1300 zurückgeht, stoßen Sie am Markt auf eines der einstigen Kaufmannshäuser aus dem 18. Jahrhundert. In ihm ist heute das *Djursland-Museum* untergebracht, das aus Geschichte und Folklore des Djursland berichtet: geöffnet im Sommer von 10 bis 12 und 14 bis 17 Uhr, an Sonntagen nur 14 bis 17 Uhr. Auch in der Lillegade, Søndergade und Kannikegade stehen noch einige ältere Häuser.

Von Grenå können Sie geradlinig nach Westen über den Wald von Løvenholm und Auning nach insgesamt 50 Kilometern Randers erreichen. Aber ich lotse Sie zunächst noch ein Stück an der Küste entlang – und das werden Sie nicht bereuen. Nehmen Sie Kurs auf Gjerrild zu, um durch den schönen Buchenwald das *Schloß Sostrup* aus den ersten Jahren des 17. Jahrhunderts zu erreichen. Das Barockportal stammt aus dem Jahr 1620. Das Schloß befindet sich heute im Besitz der Zisterzienser und dient teilweise als Nonnenkloster, aber auch als Gastbetrieb mit Zimmern und Ferienwohnungen in den früheren Wirtschaftsgebäuden. Zwar sind es nur ein paar Kilometer zur Küste, aber der Strand dort ist ziemlich steinig.

Das muß man leider auch von *Bønnerup Strand* sagen, das durch sein »Ferienhotel Kattegat« mit 146 Appartements gute Unterkunft anbietet. Das schöne bewaldete Hinterland bildet einen gewissen Ausgleich. In ihm liegt mit dem Hof *Mejlgård* – Herrenhaus mit Restaurant und Park – ein Anziehungspunkt. Der Herrensitz wurde 1573 erbaut. Günstiger als Bønnerup ist der Strand von *Fjellerup* mit vielen Ferienhäusern und einem grobsandigen, aber ziemlich steinfreien Strand. Noch besser wird es freilich in *Skovgårde,* wo man vom Steilufer über eine Holztreppe zum feinsandigen Strand gelangt. Wer hier ein Ferienhaus erwischt, ist gut dran, besser jedenfalls als in den dann folgenden Gebieten von Havhuse und Lystrup (steinig). Das anschließende Gebiet ist als Schießplatz zweckentfremdet, so daß Sie nun besser landeinwärts abbiegen, womit Sie auf Allingåbro zu gelangen und die A 16 erreichen.

Sie erinnern sich: Das war die Strecke von Grenå nach Randers. An ihr liegt kurz hinter Auning mit *Gammel Estrup,* einem Herrensitz aus dem 15. Jahrhundert, zugleich das *Museum* der jütländischen Herrenhäuser, die hier eine ähnliche Tradition wie in Schleswig-Holstein haben. Außerdem beherbergt der Wirtschaftshof zusätzlich das Dänische Landwirtschaftsmuseum. Der Eindruck von Gammel Estrup allein macht schon deutlich, daß Sie hier eines der schönsten Herrenhäuser Jütlands erleben. Die beiden Museen haben etwas unterschiedliche Öffnungszeiten. Beide sind zwar im Sommer von 10 bis 17 Uhr geöffnet, aber während das Herrenhausmuseum im Winter von 11 bis 15 Uhr (außer Montag) zugänglich ist, bleibt das Landwirtschaftsmuseum von November bis April geschlossen.

Djurslands Möglichkeiten sind damit nicht erschöpft. Es gibt noch mehr zu sehen. So ist es nicht übertrieben, wenn Märchendichter Andersen just diese Landschaft der Schlösser und Herrensitze als »Augenschmaus« bezeichnete. Aber ein paar Entdeckungen sollen Sie ja auch auf eigene Faust noch machen können.

Randers – Tradition am Fjord

Woher Sie auch kommen – direkt von Århus, von Grenå oder von einer langen Rundfahrt in Küstennähe: An dieser Stadt mit rund 65 000 Einwohnern kommen Sie nicht vorbei. Fast nirgends anderswo in Jütland bohrt sich ein Fjord – schmal, aber hartnäckig – so tief ins Binnenland, rund 25–30 Kilometer, an dessen Ende und der hier mündenden Gudenå – Jütlands längstem Fluß mit 133 Kilometer Lauf – sich Randers hinzieht. Der Volksmund behauptet von dieser Stadt, ihre Handschuhe und – ihre Mädchen seien unvergleichlich. Manches, was einst für Randers Tradition hatte, ist freilich im Lauf der Zeit verlorengegangen. So können Sie den früher für Randers typischen »dänischen« Räucherlachs zwar noch kaufen, aber: Er kommt aus Norwegen.

Die Erwähnung von Randers in der Geschichte beginnt im 11. Jahrhundert. 1302 erhielt es Stadtrecht und war im Mittelalter befestigt. Mehrere Klöster befanden sich hier. 1340 erschlug hier Niels Ebbesen, der dänische Nationalheld, den Grafen Gerhard von Holstein; das trug ihm den Ruf ein, das Volk befreit zu haben, und wirkt bis heute nach: Im *Niels Ebbesen Gård,* einem dreistöckigen Fachwerkbau von 1643, bleibt ständig eine Speicherluke geöffnet, damit der böse Geist des Grafen ungehindert den Weg ins Freie antreten kann. Tradition gilt etwas in Randers. So ließen es die Bürger auch nicht zu, daß ihr Rathaus etwa abgerissen würde, als es 1778 dem damals zunehmenden Verkehr im Wege stand. Man setzte es auf Rollen und rückte es drei Meter zur Seite – alles ist also schon dagewesen. Man sollte auch nicht unerwähnt lassen, daß der dänische Widerstand im Zweiten Weltkrieg in Randers besonders aktiv war, wofür ein Gedenkhain für hingerichtete Opfer in der Nähe des Friedhofs den Beweis liefert.

Dennoch ist der Bestand an historischen Bauten nicht allzu groß. Am wichtigsten: die gotische *Sankt Mortens Kirche,* die im 15. Jahrhundert für ein Kloster gebaut wurde. Im Inneren eine barocke Kanzel. Nördlich von der Kirche die Überreste eines Klosters, vor dem mit dem *Helligåndshus* (Heiligengeisthaus) ein Gebäude des 15. Jahrhunderts erhalten blieb. Heute hat darin das *Turistbüro* seinen Sitz. Noch besser wird Ihnen vermutlich am Rathausplatz das *Påskesønnerneshus* gefallen, das älteste Steinhaus der Stadt. Ein paar alte Häuser finden sich außerdem noch im Stadtzentrum. Traditionsreich ist freilich der *Markt,* der jeden Sonnabend auf dem Erik-Menved-Platz stattfindet, auf dem die Bauern aus der Umgebung ihre Waren verkaufen.

Sollten Sie aus irgendeinem Grund einmal um die Weihnachtszeit herum nach Randers kommen, dann werden Sie erleben, daß diese moderne Stadt sich schon seit Generationen schöner als die meisten anderen dänischen Städte in eine lichtreiche Weihnachtsdekoration hüllt, die beinahe eine Dezemberreise hierher wert wäre. Das nur als Anregung.

Zwei Museen hat Randers. Das *Kulturhistorische Museum* beschäftigt sich ausführlich mit der Vorzeit, aber auch mit Themen bis nahe an die Gegenwart. Geöffnet ganzjährig (außer Montag) werktags von 14 bis 18 Uhr, jedoch an Wochenenden am Samstag 9 bis 14 und am Sonntag 13 bis 17 Uhr. Das *Kunstmuseum* enthält überwiegend dänische Kunst aus den letzten hundert Jahren und ist ganzjährig von 13 bis 17 Uhr und am Samstag von 10 bis 16 Uhr geöffnet.

Ein Zeugnis der Gegenwart ist das supermoderne *Kulturhaus,* das eine Bibliothek und den Konzertsaal des städtischen Sinfonieorchesters umfaßt. Als Ergänzung zur Bibliothek ein Spielraum für Kinder, den die Kleinen benutzen können, wenn die Eltern Bücher aussuchen. Auch einen der vier Parks von Randers – besonders blumenreich der *Zeughauspark* – könnten Sie bei Ihrem Aufenthalt besuchen.

Trip nach Anholt

Anholt, das Sie von Grenå in zweieinhalb Stunden erreichen, ist keine große Insel. Auf 22 Quadratkilometern leben 190 Einwohner, aber die ungewöhnliche Natur rechtfertigt durchaus einen Ausflug. Es wäre sozusagen das I-Tüpfelchen auf Ihrer Rundreise durch Djursland.
An Strand ist auf Anholt kein Mangel – 26 Kilometer sind es, und den besten Überblick über die Insel haben Sie vom 48 Meter hohen Sønderbjerg. Übrigens können Sie – ganz nach Neigung – Ihren Wagen oder auch nur ein Fahrrad mit auf die Insel nehmen. Seit die Insel 1902 einen Hafen erhielt, lebt die Bevölkerung überwiegend vom Fischfang, wozu in neuerer Zeit auch der Tourismus getreten ist. Anholts Anziehungspunkte sind seine »Wüste«, eine ungewöhnliche Ebene von Kies und Stein, die von angewehten Dünen besetzt ist, und die Bademöglichkeiten, insbesondere bei Nord- und Sønderstrand, wo FKK durchaus üblich ist. Tierfreunde werden versuchen, aus dem Gebiet um den 42 Meter hohen Leuchtturm oder bei Totten Robben zu beobachten.

Viele Wege führen nach Ålborg

Ich könnte es verstehen, wenn Sie nervös werden, weil ich Ihnen immer wieder mehrere Strecken vorschlage. Von Randers beispielsweise kann ich Ihnen abermals drei Wege anbieten, die Sie zum Limfjord und seiner größten Stadt Ålborg führen. Jeder hat seinen Reiz und seine Eigenart.
Das beginnt etwa damit, daß die A 10 auf kürzester Strecke nach Hobro führt; unterwegs sollten Sie an der *Råsted Kirche* haltmachen, um sich die romanischen *Fresken* aus dem 11. Jahrhundert anzuschauen. Ich fahre jedoch besonders gern die Strecke nach *Mariager*. Erstens, weil ich Mariager mag, und zweitens, weil an dieser Straße in *Hvidsten*

einer der urigsten jütländischen Kros liegt: Er hat sein Privileg bereits im Jahr 1634 erhalten und ist damit so eine Art Senior unter den Kros. Behäbig liegt das reetgedeckte Fachwerkhaus an der Straße. Wenn Sie die Spezialität des Hauses, »Gudruns Rezept«, als besonders leckere »Anretning« (siehe Seite 22) verspeist haben, wird Ihnen die Weiterfahrt schwerfallen. Für Leute mit schwachem Magen gibt es aber auch die halbe Portion. Eine besonders nette Einrichtung dieses Kros besteht in der Aufforderung, nach dem Essen in die Küche zu kommen, die Meinung über das Essen zu sagen und sich dabei umzusehen, wo die guten Köche tätig waren.

Dieses Hvidsten liegt etwa auf halber Strecke zwischen Randers und Mariager, wobei der *Mariager Fjord* – wie der von Randers – rund 25 Kilometer ins Land hineinreicht: bis Hobro. Die kleine Stadt *Mariager* (1500 Einwohner) entstand im 14. Jahrhundert in Verbindung mit einem Kloster. Heute gilt sie als eine der kleinsten dänischen Städte und zugleich als Rosenstadt, die durch ihre hübschen alten Häuser zusätzlich gewinnt. Eisenbahn-Fans werden schon deshalb nach Mariager streben, weil hier zu dem an der A 10 gelegenen Handest während der Saison sonntags eine *alte Eisenbahn* über 17 Kilometer Entfernung dahindampft.

In Mariager haben Sie keine Möglichkeit, den Fjord zu überqueren, sondern Sie müssen ein Stück nordöstlich nach *Hadsund* fahren. Damit haben Sie zugleich den Endpunkt der dritten Strecke von Randers aus. Sie führt etwas landeinwärts parallel zum Randers-Fjord und weiter auf Hadsund zu, das mit seinen Schornsteinen und dem Rauch von Zement- und Salzindustrie unübersehbar auf sich aufmerksam macht. So etwas muß ja auch mal sein. Auf einer schmalen Brücke überqueren Sie den Fjord.

Aber nun hätten wir *Hobro* beinahe vergessen. Dabei liegt es an der Hauptstrecke. Ein Städtchen von 8500 Einwohnern, das an einer alten Furt lag, als der Mariager Fjord noch weiter ins Land reichte als heute. Schon vor unserer Zeitrechnung war dieses Gebiet bewohnt; man erkennt das an den zahlreichen Funden aus prähistorischer Zeit. Später kamen die Wikinger. Um 1200 erhielt Hobro sein Stadtrecht.

Die Wikinger haben mit ihrer zwischen 1950 und 1960 südwestlich von Hobro ausgegrabenen Burg von *Fyrkat* ihre Spuren deutlich hinterlassen. Sie finden dort einen rundgezogenen Wall in drei Meter Höhe mit Toren. In seiner Mitte standen Häuser in Schiffsform, die durch Pfosten – die Löcher fand man bei der Ausgrabung – gekennzeichnet sind. Vermutlich wohnten hier vor etwa 1000 Jahren tausend Wikingerkrieger mit ihren Familien. Sie werden zu den Kriegern Knuds des Großen gehört haben. Dicht bei der Wikingersiedlung liegt auch noch die alte Wassermühle. Die Funde bewahrt das *Wikingermuseum* in Hobro auf. Während Fyrkat ganzjährig bei Tageslicht zugänglich ist, können Sie das Museum von Mai bis August zwischen 10 und 12 und von 13 bis 16 Uhr (außer Montag) besichtigen. Sonst nur von 13 bis 16 Uhr.

Wenn Sie sich bei der Weiterfahrt für die A 10 entscheiden, erreichen Sie schon nach 15 Kilometern das ausgedehnte Waldgebiet *Rold Skov*, das im Umfang von 92 Quadratkilometern Dänemarks größter zusammenhängender Wald ist. Zu beiden Seiten der Hauptstraße dehnt sich das durch tiefe Täler und geschwungene Hügel, durch Seen und reiche Vegetation belebte Waldgebiet. Achten Sie auf den Wegweiser, der Sie nach rechts zum *Naturschutzpark* von *Rebild* führt, dem einzigen Dänemarks und zugleich ein Sinnbild dänisch-amerikanischer Sympathie.

Diese unter Naturschutz stehende urwüchsige Heidelandschaft erreicht ihre höchste Höhe im *Sønderkol:* 102 Meter. In ihr stehen einige beachtliche Bauten. Dazu gehört das *Lincoln-Blockhaus* mit Zeugnissen der Indianerkultur und anderen Stücken aus der amerikanischen Pionierzeit – es ist eine Kopie des Vaterhauses von Präsident Abraham Lincoln. Nicht weit davon entfernt der *Cimbern-Stein,* der daran erinnert, daß von hier aus im 2. Jahrhundert v. Chr. die Cimbern auszogen: von Jütland nach Süddeutschland, Gallien und Spanien, bis sie im Jahr 101 von den Römern vernichtet wurden. Hier in Rebild wird alljährlich in Anwesenheit des Regentenpaares der amerikanische Unabhängigkeitstag als ein Volksfest begangen. Auf dem Hauptplatz von Rebild befindet sich ein reizvolles *Heimat- und Spielmannsmuseum,* das folkloristische Geräte und Musikinstrumente zeigt. Nicht weit entfernt liegt der hübsche Ort *Skørping* mit gepflegtem Hotel. In der Nähe Jütlands *forstbotanischer Garten* mit 135 Baum- und Busch-

Blick in die Weite des Rebild-Nationalparks

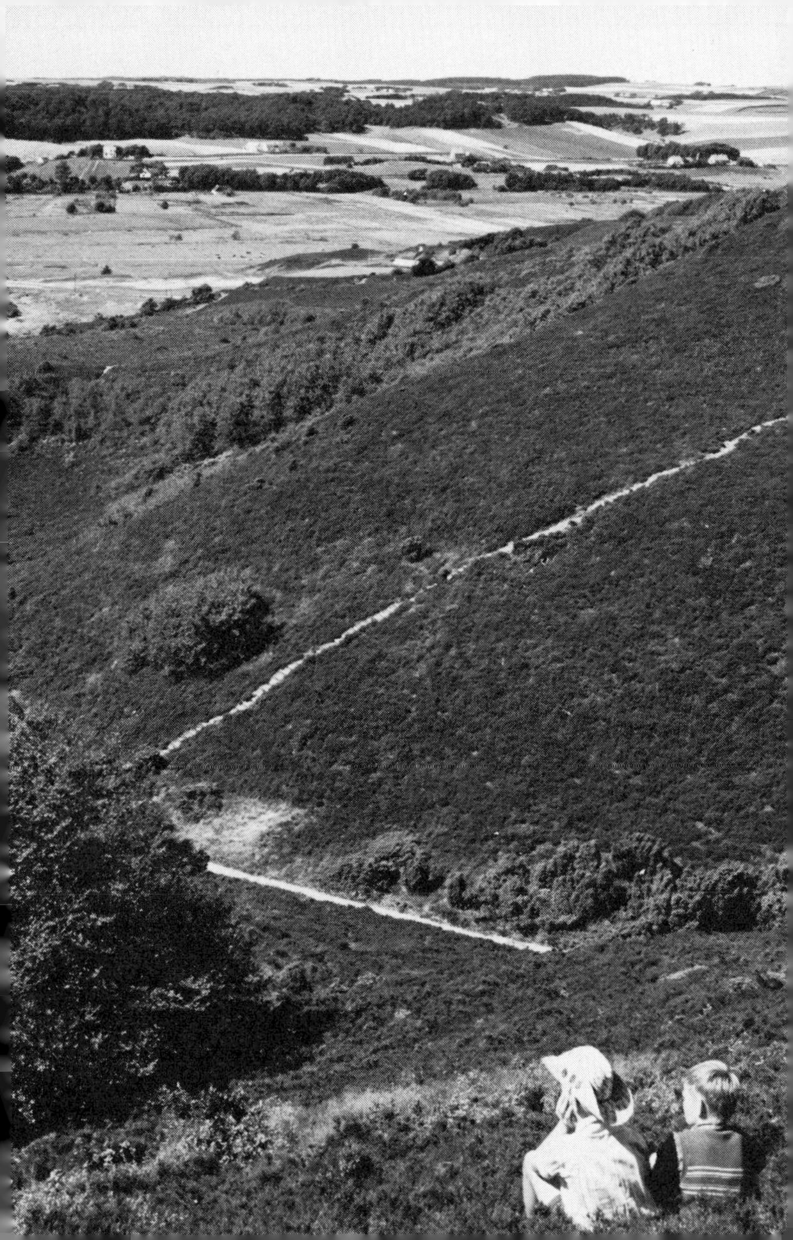

arten. Zu besichtigen sind die Sehenswürdigkeiten von Rebild im Sommer von Mai bis September zwischen 10 und 17 Uhr.
Von der A 10 in westlicher Richtung, also links abbiegend, nördlich von Rold Storkro, erreichen Sie die *Tingbaek-Kalkgrube*. In ihren unterirdischen Gängen befinden sich mehr als 100 Skulpturen der Bildhauer Anders Bundgård und C. J. Bonnesen. Im Sommer von 10 bis 20 Uhr, im Vorsommer und Herbst von 10 bis 17 Uhr geöffnet. Schon bei Bonderup, 12 Kilometer südlich von Ålborg, beginnt die Autobahn, über die der Verkehr um Ålborg herum unter dem Limfjord nach Nordjütland geleitet wird. Um Ålborg kennenzulernen, folgen Sie den Wegweisern durch Svenstrup und Skalborg.
Vielleicht haben Sie sich aber für die Strecke über *Hadsund* entschieden. Dann steht Ihnen eine schöne Küstenfahrt bevor, die mehrere beachtliche Strände berührt, an denen einige tausend Ferienhäuser stehen – ein beliebtes Ziel auch für deutsche Urlauber. Zwar ist der Strand von Als noch ziemlich schlickig, aber weiter nördlich zeigt sich ein ganz hübscher, nicht allzu breiter Sandstrand, dem im Meer eine Sandbank vorgelagert ist. Das bedeutet einen nicht ganz kurzen Weg ins Wasser.
Beliebtester und bekanntester Badeort an dieser Küste ist *Øster-Hurup* mit der Fortsetzung bis *Dokkedal*. Zwischen Strand und Küstenstraße großzügige Campingmöglichkeiten. Der kleine Ort hat infolgedessen im Sommer das Vielfache seiner gewöhnlich nur 1200 Einwohner. Hotels sind spärlich. Im Hinterland ist Urlaub auf dem Bauernhof gut möglich. Über Egense erreichen Sie schließlich den Limfjord und können mit einer Fähre nach Hals übersetzen. Aber damit hätten Sie Ålborg schon hinter sich gelassen . . .

Ålborg, das heißt Aquavit und vielerlei mehr

Wohin Sie in Aalborg auch schauen: Im Gegensatz zur üblichen dänischen Praxis, aus dem doppelten A ein Å zu machen, legen die Aalborger Wert auf das »Aa«. Lassen wir dieser zweitgrößten Stadt Jütlands, rund 150 000 Einwohner, wenigstens hier ihren Willen. Sie entstand in der Wikingerzeit bewußt an der schmalsten und am leichtesten überschreitbaren Stelle des Limfjords. Drei dänische Städte sind größer als Aalborg: Kopenhagen natürlich, Århus (siehe Seite 93 ff) und Odense auf Fünen.

In Aalborg verbindet sich eine lange Tradition mit der Aktivität einer modernen Handels- und Industriestadt. So gegensätzliche Dinge wie Aquavit, Zement oder Zigarren kommen für Dänemark (und Europa) vorzugsweise aus Aalborg.
Erste Erwähnung von Aalborg ums Jahr 1000, Stadtrecht im Jahr 1342. Seine Lage machte es ideal für den Handel – im Lande und zur See. Das war die Voraussetzung für einen steigenden Wohlstand, ablesbar an den bewahrt gebliebenen Häusern aus dem 17. und 18. Jahrhundert. Den Aalborgern ist es mit ihrem Traditionsbewußtsein durchaus ernst. Als der *Svalegården,* ein Kaufmannshof aus der Zeit um 1600, bei einer unumgänglichen Stadtsanierung entfernt werden mußte, brach man ihn nicht etwa hemmungslos ab, sondern verpflanzte ihn lediglich: an den Stadtrand nach Hasseris, um ihn dort neu aufzubauen. Dort können Sie ihn heute noch betrachten, zumal sich in ihm die Büros von *Samvirkende Jydske Turistforeninger,* der zentralen jütländischen Touristikorganisation, befinden. Andere alte Häuser wurden einfach ins moderne Stadtbild übernommen – wie etwa der über 200 Jahre alte Rathausbau, über dem ein Wahlspruch des Königs Frederik V. steht, den die Aalborger gern für sich in Anspruch nehmen – mit Recht: »Klugheit und Festigkeit«.
Aquavit ist so eng mit der Stadt Aalborg verbunden, daß die Dänen gewöhnlich gar keinen Aquavit verlangen, sondern: einen »Aalborger«. Was dann in der internen Rivalität der beiden Großstädte den Witz entstehen ließ, daß zwar die Århuser einen »Aalborger« trinken könnten, die Aalborger aber keinen »Århuser«. Aquavit, das dänische Nationalgetränk und unentbehrlich zur gedeihlichen Verdauung deftiger Speisen wie der umfangreichen »Anrichtungen«, ist ein mit dem Zusatz von Kümmel aromatisierter Branntwein. Berühmt ist der Jubiläums-Aquavit (kurz: »Jubi«).
Schauen Sie sich Aalborgs historische Bauten an, wobei Ihnen einige moderne mit den großzügigen Geschäften zugleich begegnen werden. Als der Großkaufmann *Jens Bang* im Jahr 1624 sein mehrstöckiges, dreigiebeliges Steinhaus fertiggestellt hatte, zeigte er damit nicht nur seinen Reichtum, sondern er gab den Aalborgern einen Bau, auf den sie heute noch stolz sind. Demgegenüber ist das *Aalborghus* von 1540, ein Beamtenschloß des dänischen Königs in Fachwerk, vergleichsweise schlichter. Noch etwas älter ist das *Heiliggeistkloster* von 1431, dessen heute noch vorhandene Gebäude aus der zweiten Hälfte des

15. Jahrhunderts stammen. Sie stellen nicht nur die umfangreichste und am besten erhaltene Klosteranlage ganz Dänemarks dar, sondern als Altershospiz auch die wohl älteste soziale Einrichtung des Landes, die noch heute benutzt wird.

Zu den älteren Bauten gehört auch das *Rathaus* von 1760. 1616 erbaute der Kaufmann Jörgen Olufsen sein Haus in Fachwerk mit einer steinernen Giebelfassade. Die *Sankt-Budolfi-Kirche* entstand um 1500 und ist einem englischen Seefahrtsheiligen geweiht. 1554 wurde sie zum Dom. Der Innenraum weist prachtvolles Inventar auf. Die Turmspitze wurde erst 1779 aufgesetzt, seit 1970 ertönt vom Turm jede Stunde zwischen 9 und 22 Uhr ein Glockenspiel mit 48 Glocken. Schon vor dieser Kirche gab es eine Vor Frue Kirke, Klosterkirche von 1100, die jedoch nur noch in Bildtafeln einer 1879 neu erbauten Kirche erhalten ist. Den besten Blick über Aalborg vermittelt Ihnen freilich keine Kirche, sondern der *Aalborg-Turm* auf *Skovbakken*, der 105 Meter über das Meer aufragt. Zum Rundblick bringt Sie ein Lift. Damit sollen Sie auch etwas über das moderne Aalborg und seine Bauten erfahren. Um 1950 entstand die *Aalborghalle,* der größte Bau für Konzerte, Kongresse, Kulturereignisse des Nordens, dessen größter Saal 3400 Personen faßt – es ist einer von neun, wozu zwei Theater und ein Restaurant treten. Seit 1973 ist Aalborg moderne Universitätsstadt. Im Südosten der Stadt liegt ein ganzes Unterrichtsgebiet mit Schulen, Lehrerseminar und sozialen Lehranstalten. In den sechziger Jahren wurden ein *Stadion* mit 20 000 Plätzen und eine Sporthalle gebaut. Der *Aalborger Zoo* mit seinen 1600 Tieren ist der größte Jütlands – geöffnet ab 9 Uhr bis zum Sonnenuntergang.

Zu den modernsten Bauten gehört auch das 1972 eingeweihte *Kunstmuseum* für Nordjütland, das internationale Kunst unseres Jahrhunderts und dänische Kunst von 1800 bis heute enthält und selbst architektonisch ins Auge fällt: Architekt der Finne Alwar Aalto. Übrigens besitzt auch Aalborg sein »Tivoli«: mit dem Zusatz »Karolinelund«. Geöffnet Ende April bis Ende August, ein familiärer Vergnügungspark mit Freiluftshows, Restaurants und Musik.

Typisch für Aalborg sind die zahlreichen Werke bildender Kunst, die an vielen Stellen der Stadt und in den Parks aufgestellt sind. Im *Kildeparken* von 1802 beispielsweise stoßen Sie auf klassische Plastiken, u. a. von Thorvaldsen: »Drei Grazien«. Am Vesterbro stehen die Skulpturen »Der Zimbernstier« und »Gåsepignen«, das »Gänsemädchen«.

Zu den schönsten Gebäuden Aalborgs gehört Jens Bangs Steinhaus aus dem Jahr 1624

Wenn Sie sich in Aalborg amüsieren oder gut essen wollen, dann gehen Sie in die Jomfru Ane Gade, Aalborgs Vergnügungsstraße. Sehenswert sind der jeden Mittwoch und Samstag von 7 bis 14 Uhr abgehaltene *Gemüsemarkt* nahe der Vor Frue Kirke und der am Dienstag und Freitag von 9 bis 12 Uhr stattfindende *Viehmarkt* in der Nyhavnsgade: Es ist der größte Nordeuropas.

Beinahe untrennbar von Aalborg ist jenseits des Limfjords *Nørresundby,* das dort liegt, wo vor der Untertunnelung des Limfjords die Fähre von Aalborg einlief. Es wuchs allmählich auf 24 000 Einwohner an, wobei es lange im Schatten Aalborgs vegetierte. Erst 1900 erhielt es Stadtrecht. Allerdings war die Freude nur kurz: Am 1. April 1970 wurde es verwaltungsmäßig zu Aalborg eingemeindet. Nørresundby hat seine Bedeutung für den Touristen durch die hier gelegene einstige *Wikingerstadt Vandilia.* Sie wurde in den letzten 30 Jahren entdeckt und ausgegraben. Sie hatte ihre Blüte lange vor dem Jahr 1000. Verlassen wurde sie dann als Folge verheerender Sandstürme, wie sie den Nordteil Jütlands auch später noch heimsuchten.

Gefunden wurden dort viele hundert Grabstellen mit den typischen *Steinsetzungen* der Wikinger in Schiffsform. Weiterhin brachte man 15 frühere Wohnhäuser zutage und andere Bauten, mehrfach auch in der üblichen Schiffsform. Diese Ausgrabungen auf der *Lindholmhøje* tragen dazu bei, die Tradition von Aalborg und seines Umlandes noch zu unterstreichen. Die Besichtigung dieser Wikinger-Siedlung ist ganzjährig möglich.

Über Frederikshavn nach Skagen

Es bleibt dabei: Sie können sich aussuchen, ob Sie längs der A 10 nach Saeby und weiter nach Frederikshavn fahren wollen, oder ob Sie die Strecke an der Küste vorziehen. Natürlich können Sie auch beides verbinden; denn ziemlich genau in der Mitte zwischen beiden Wegen liegt *Dronninglund,* und daran dürfen Sie nicht vorbeifahren.

Um gleich zuerst von dem beliebten Ausflugsort der Ålborger zu sprechen: Ursprünglich handelte es sich um ein Nonnenkloster des 13. Jahrhunderts, das 1786 im neoklassizistischen Stil zu einem Herrenhaus umgebaut wurde und heute zugleich als Restaurant dient. Die daneben gelegene *Kirche* lohnt ihrer Fresken wegen einen Besuch. In der Nähe hat sich seit kurzer Zeit das *Dronningkunstcenter* (gleichfalls mit Restaurant) niedergelassen, das in Ausstellungen moderne Kunst zeigt und verkauft, außer Gemälden und Graphik auch Keramik. Öffnungszeit von 11 bis 18 Uhr.

Zweite Sehenswürdigkeit der Strecke Ålborg–Saeby ist dann bei *Voerså* das einsam gelegene Renaissanceschloß von *Voergård,* 1590 erbaut, das von einem stattlichen Park umgeben ist. Außerdem läuft ein Wassergraben herum. Außer dem reich gestalteten Tor fallen die kleinen Eingänge in die Türme auf, die dem Sicherheitsbedürfnis dienten. Die Besichtigung ist nachmittags und am Wochenende möglich. Auf

Grabhügel der Wikinger, häufig sogenannte Schiffssetzungen, soweit das Auge reicht: auf der Lindholmhöhe bei Nørresundby

der A 10 sind Sie mit diesen beiden Abstechern bereits an Saeby herangekommen.
Die küstennahe Strecke müßte am Limfjord entlang nach Süden zunächst nach *Hals* führen, dem Fährstädtchen, von wo in fünf Minuten der Limfjord überquert wird. Östlich von Hals, auf Bisnap zu, beginnt das Strandgebiet, das allerdings durch ein flaches vorgelagertes Watt beeinträchtigt ist. Nach Überquerung des Watts ist der Strand erfreulich breit. Erst mit dem Fischerhafen von *Hou* nimmt dieses Strandgebiet ein Ende. Es ist übrigens hier wie auch weiterhin von Ferienhäus-

chen begleitet. Bei *Gerå* wird durch eine 350 Meter lange Mole der Strand vor dem Watt erreicht, und auch *Aså* zeigt die ähnliche Verbindung von Watt und Strand. Südlich von Saeby tauchen dann bei Lyngså wieder mehr Dünen auf.

Saeby verbindet – ähnlich wie Grenå im Djursland – das Leben einer kleinen Stadt von über 5000 Einwohnern, die aus einem Fischerdorf hervorging, mit Badebetrieb. Sowohl nach Norden wie Süden finden Sie Strände – den besten nördlich des Hafens. Das Städtchen selbst wirkt anheimelnd mit einigen älteren Häusern u. a. in der Strandgade und Algade. Die alte *Klosterkirche* von Mitte des 15. Jahrhunderts besitzt beachtliche Freskenmalereien. Saebys *Museum* in einem alten Fachwerkhof enthält vorgeschichtliche und heimatkundliche Sammlungen und ist im Sommer an Werktagen von 13 bis 17, am Wochenende von 10 bis 13 Uhr geöffnet.

Das letzte Stück der Strecke bis *Frederikshavn* legen Sie auf der A 10 zurück, die nahe der Küste verläuft und vom Blick aufs Meer und zum Land hin durch einen bewaldeten Höhenzug begleitet ist. Frederikshavn mit seinen 25 000 Einwohnern ist eine lebhafte Hafenstadt mit Schiffswerften und Industrie und die größte Stadt des nördlichen Jütland. Von hier laufen nicht nur die Fährschiffe zur Insel Laesø aus, sondern auch nach Schweden und Norwegen. Ursprünglich hieß die Stadt Fladstrand (Flachstrand), wurde jedoch im 18. Jahrhundert, um die Verkehrsverbindung zwischen Dänemark und Norwegen zu sichern, befestigt. Hinter dem heutigen Hafen liegt rechter Hand die alte Fischersiedlung *Fiskerlyngen* mit den niedrigen Häusern des 17. und 18. Jahrhunderts in der *Strandgade.* Beachten Sie auch das Denkmal mit den beiden Fischern. Erst 1818 wurde Frederikshavn das Stadtrecht zugesprochen, worauf der eigentliche Ausbau des Hafens und der Aufschwung der Stadt begann.

Von den Sehenswürdigkeiten der Stadt begegnet Ihnen am Hafen der alte *Pulverturm,* weiß getüncht, in dem sich eine *Waffensammlung* befindet. Dieser Turm wurde von der einstigen Festung erst 1976 hierher verpflanzt. Überhaupt besitzt Frederikshavn noch Reste seiner einstigen Befestigungen, so alte Schanzen nördlich bei Frydenstrand und auf der vorgelagerten Insel Deget. Das Museum im Pulverturm ist von 10 bis 17 Uhr zu besichtigen. Ein anderer Turm, *Cloostårnet,* der sich 160 Meter übers Meer erhebt, dient lediglich der Aussicht und kann je nach Jahreszeit von 10 bis 18 oder 16 Uhr besucht werden.

Reizvollste Eindrücke vermittelt Frederikshavn allerdings mit dem *Bangsbo-Museum,* drei Kilometer südwestlich, das mit dem Herrenhof Bangsbo verbunden ist. Es enthält in einer malerischen Fachwerkumgebung hinter einem von Löwen flankierten Eingang ein *Schiffahrts-* und ein *Pferdewagenmuseum.* Bedeutendstes Stück ist das *Ellingå-Schiff* von 1100. Im Park ein ungewöhnliches Steinfeld von etwa 1000 gehauenen Steinen aus dem Altertum bis zur Gegenwart. Das Bangsbo-Museum ist von 10 bis 12 und 14 bis 18 Uhr geöffnet.

Sie brauchen nicht erst lange auf die Karte zu schauen, um zu erkennen, daß nun die nördlichste Spitze Jütlands mit Skagen (siehe Seite 81 ff.) nicht mehr fern ist. Das Land wird bald hinter Frederikshavn ständig schmaler. Wie Sie wissen, wurde dieser Teil Jütlands erst in den letzten Jahrtausenden angespült. Die Straße nähert sich immer mehr dem östlichen Ufer, es zeigen sich die ersten der typischen und höher werdenden Sanddünen kurz vor *Ålbaek.* Der Ort erinnert mit seinem Namen an das pommersche Ostseebad Ahlbeck (heute: DDR) und ist ein etwas nüchtern wirkender kleiner Badeort, der jedoch einen ganz prächtigen, feinsandigen Strand hat: 20 bis 30 Meter breit, von Dünen eingefaßt. Hier und da kann in seinem Verlauf auch einmal ein Auto darauf fahren. Immerhin zieht sich dieser Strandstreifen etwa 20 Kilometer hin und überquert noch den folgenden kleinen Badeort in der Ålbaek-Bucht, *Hulsig.* Je ein Hotel in Ålbaek und Hulsig, ein paar Privatzimmer, Ferienhäuser und Campingplätze bieten Unterkunft. Sogar etwas Wald ist bei Ålbaek vorhanden.

Hinter dem Ort wachsen links und rechts der A 10 die Dünen allmählich höher. Die Landschaft ist sandig, aber lebendig. Nadelwald wechselt mit Heidegebieten ab. Der Blick in westlicher Richtung läßt die mächtigen Dünen der Nordseeküste erkennen. Beachten Sie die Verkehrswarnung vor Schafen, die hier friedlich grasen. Je näher die Dünen an die Straße herankommen, um so näher ist Skagen, das Sie nun auch längs der Ostküste am Kattegat erreicht haben (vergleichen Sie Seite 81 ff.).

Jütlands nördlichste Insel: Laesø

Von Frederikshavn aus läuft in der Saison viermal täglich das Fährschiff zu Jütlands nördlichster Insel, Laesø, aus: Fahrzeit 100 Minuten. Die Insel umfaßt 116 Quadratkilometer, ist die größte im Kattegat und hat 2800 Einwohner. Es ist gewissermaßen eine Insel im Entwicklungsstadium, auch, was den Tourismus angeht. Die nördliche Lage läßt den Anteil deutscher Gäste nicht zu hoch werden, was manche Urlauber durchaus als Vorteil empfinden. Laesøs größte Länge beträgt 21 Kilometer, der Westteil ist schmal, der Osten bis zu 10 Kilometer breit.

Der Name der Insel rührt von dem sagenhaften siebenköpfigen Meeresgott Aegir her, der auch *Lae* genannt wird. Seine Insel ist es also, denn nach der Sage soll hier sein Hauptquartier gewesen sein. Das ist nicht die einzige Sage der Insel. Eine andere will wissen, daß Königin Margarethe I. anfangs des 15. Jahrhunderts auf der Insel gestrandet sei. Als Dank für ihre Rettung soll sie den Frauen von Laesø ihre (heute freilich kaum mehr getragene, jedoch schönste und teuerste) Tracht geschenkt haben. Wahrheitsgetreuer klingt der historische Hinweis, daß auf Laesø vorwiegend Seeleute ansässig waren und daß Laesøs Salz gegen Ende des Mittelalters als das beste des Landes galt. Der Erlös aus dem Salz gab den Insulanern die Möglichkeit, dem Domkapitel Viborg, zu dem Laesø gehörte, Steuern und Abgaben zu bezahlen. Bis 1843 unterstand Laesø dem Viborger Bistum. Salzsiedereien gibt es heute noch, aber ihre Bedeutung ist nur gering.

Wer Laesø heute sieht, muß wissen, daß es sich nicht immer so zeigte. Ursprünglich war die Insel völlig bewaldet, im Mittelalter wurden jedoch die Kiefern- und Eichenwälder für die Salzgewinnung abgeholzt, der verbleibende Rest wurde von Sand verschüttet. So wurde über die Hälfte Laesøs zu einer Sandwüste, wobei etwa die Kirche von Hals und ihre Umgebung völlig verheert wurden. Die damaligen Inselbewohner legten auf Wald auch gar keinen Wert. So konnten sie von ihrer Insel weit übers Meer blicken und gestrandete Schiffe schnell ausmachen, um sie auszuplündern. Rauhe Sitten herrschten damals – nicht nur auf Laesø!

In unserem Jahrhundert ist man darangegangen, die Insel neu zu bewalden, und hat bereits beachtliche Ergebnisse erzielt. Teile von Laesø sind schon wieder schön bewaldet. Um Feuer zu vermeiden, ist das Rauchen in den Waldgebieten streng verboten.

Mit Tang bedeckte Häuser gibt es nur auf Laesø

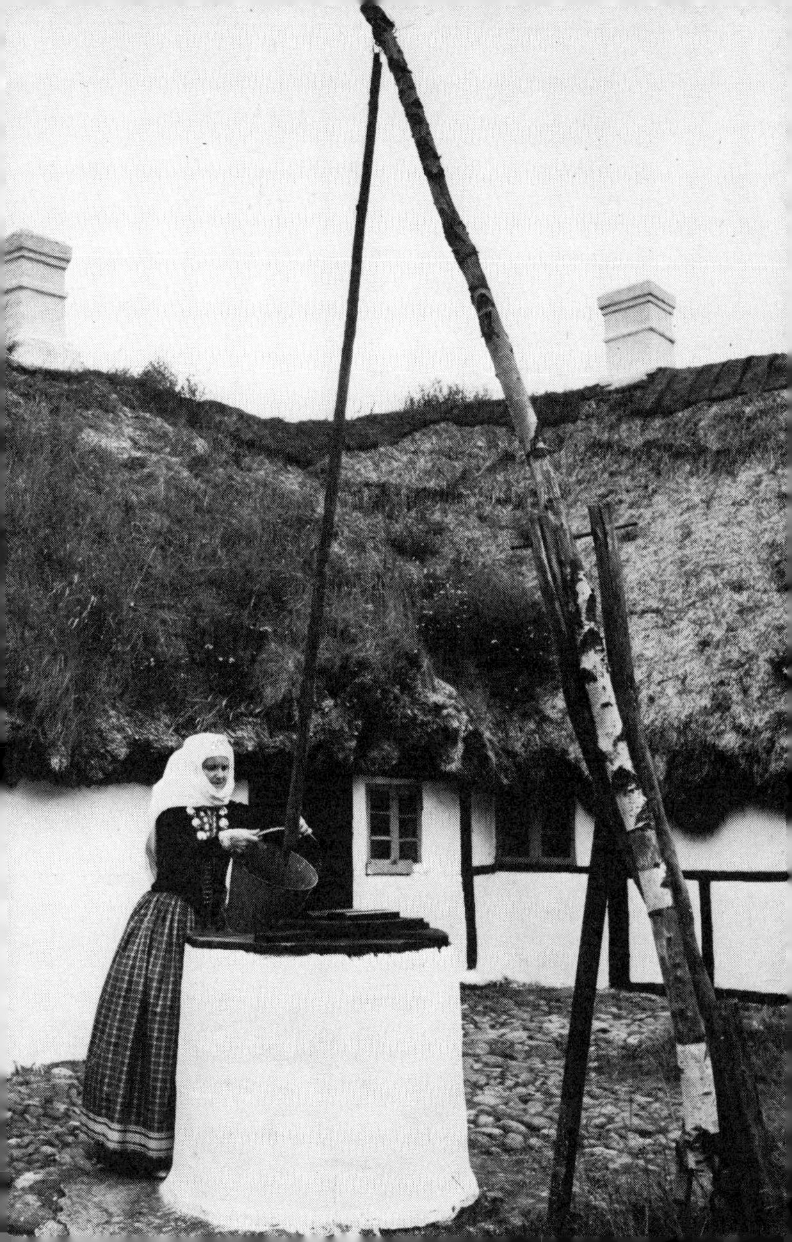

Dort, wo die Insel kultiviert wurde, besteht eine bescheidene und nicht sehr ertragreiche Landwirtschaft. Die Bauernhäuser zeigen dabei eine für Laesø typische Eigenart, die zugleich ein beliebtes Fotomotiv darstellt: Die Dächer der weißen Fachwerkhäuser und Katen sind dick mit Tangs bedeckt. Es sieht nicht so elegant aus wie Reet, da die Tangschicht bis zu einem Meter dick ist, aber praktisch ist es vermutlich, und Tang gibt's an den Stränden genug. Trotzdem nimmt die Zahl der so originell gedeckten Häuser von Jahr zu Jahr ab. Reet tritt an die Stelle des Tangs oder auch ein Kunststoff. Eine Frage der Kosten und der Arbeit – hier wie anderswo.

Ich würde Ihnen raten, nach Laesø Ihren Wagen mitzunehmen, damit Sie nicht allzusehr an Ihr Quartier gebunden sind. Ihr Schiff läuft in *Vesterø Havn* ein, einem kleinen Ort, der mit der Pension »Strandgården« die schönste und kultivierteste Bleibe der ganzen Insel – mit schönem Strand in der Nähe – aufweist. Südöstlich geht es zum eigentlichen Hauptort der Insel, *Byrum,* der einige Geschäfte besitzt. Östlich davon liegt das Dorf *Bangsbo* mit verstreuten Häusern, die teilweise noch mit Tang gedeckt sind. Hier steht auch Laesøs *Museumshof,* der eine bescheidene, aber typische bäuerliche Hofausstattung zeigt. Geöffnet ist er im Sommer zwischen 10 und 16 Uhr.

Über Østerby mit einem Fischerhafen erreichen Sie in nordöstlicher Richtung die eindrucksvolle einsame Dünenlandschaft von *Danzigmand* mit feinem Sandstrand, vor dem das Wasser aber rasch tief wird und erhebliche Strömungen aufweist. Die neugewonnenen Waldgebiete liegen im Norden der Insel an der Strecke von Østerby nach Vesterø Havn. In ihrer Mitte bei dem 28 Meter hohen *Højsande* ein einsamer See. Stichstraßen durch den Wald führen an Naturstrandgebiete verschiedener Güte, die mit Auto oder Fahrrad erreicht werden können, da einige Wege mit Schotter-Kies versehen wurden. Ideal sind diese Nadelwaldgebiete parallel zum Meer auch für Wanderer. Selbst im Hochsommer trifft man hier nur wenige Menschen. Denn Laesø hat bisher nur begrenzte Unterkunftsmöglichkeiten. Insgesamt fünf Hotels, zwei Pensionen, ein paar Privatzimmer. Dazu ein Ferienhausgelände bei Vesterø Havn und einige Campingplätze. Hier beherrscht noch immer die Natur den Urlaub, und hier läßt sich eine Insel gewissermaßen individuell entdecken. Wer immer nach Laesø kommt – ob er hier ein Ferienhaus hat oder Urlaub macht –, wünscht sich, daß diese Insel in Jütlands Norden noch lange so unverfälscht bleibt.

Die überraschende Welt des Limfjords

Selbst gute Skandinavien- oder Dänemark-Kenner haben den Namen des Limfjords noch nicht gehört. Oder allenfalls von den Limfjord-Austern her, die da oder dort in den Delikateßgeschäften angeboten werden.
Dieser Limfjord bildet einen gewaltigen Einschnitt in der jütländischen Halbinsel: Durch den Limfjord wird der Nordteil Jütlands »eigentlich« zu einer Insel. Denn der Limfjord durchtrennt das Land zwischen Nordsee und Kattegat und hat aus ihm mehr oder minder große Wasserflächen herausgelöst oder sie durch Inseln, die stehenblieben, belebt. Dennoch ist das keine Spielerei der Natur, sondern ein Spiegel des Werdens unserer Erdoberfläche.
Die Geologen können genau erklären, wie und wann der Limfjord sich bildete: Es geschah im Verlauf der Eiszeit. Bis vor 12 000 Jahren war Jütland – wie auch die nördlichen Teile von Deutschland – von mächtigen Eismassen bedeckt. Sie formten die Landschaft durch Abschleifung und durch die unaufhörliche Tätigkeit des Schmelzwassers unter der Eisdecke. Dieses Schmelzwasser, das ja irgendwohin abfließen mußte, hat ebenso die Fjorde längs der jütländischen Ostküste wie insbesondere den 1700 Quadratkilometer umfassenden Einschnitt des Limfjords entstehen lassen. Zugleich wurden frühere Meeresablagerungen und vulkanisches Eruptionsgestein bloßgelegt, wie es gerade im Limfjordbereich besonders deutlich zu beobachten ist.
Aber unschuldig war die Eiszeit daran, daß der Limfjord nicht nur ein Fjord, sondern ein echter Durchbruch ist. Diese Entscheidung fiel vor gar nicht so langer Zeit bei der Sturmflut von 1864. Damals brach das aufgewühlte Wasser bei *Thyborøn* durch den Landriegel und schuf eine Öffnung von 1300 Meter Breite. Es blieb nichts anderes übrig, als diesen Abbruch zu befestigen und – ihn offenzulassen. Immerhin hatte er ja auch seine Vorteile. Heute sorgt ein vor Verlandung geschützter Kanal dafür, daß die Schiffe durch die von der Gewalt der Natur geschaffene Öffnung verkehren können. Zugleich ergab sich für Thyborøn die Chance, einen großen Fischereihafen zu erhalten.

Ursprünglich einmal verbanden nur Fähren die beiden Ufer des Limfjords. Heute sind Brücken mancher Art geschlagen worden; eine besonders wichtige Verkehrsader ist die unterirdische Autostraße bei Ålborg, die eine seit längerer Zeit bestehende Brücke noch ergänzt. Auf mancherlei Weise sind die beiden Teile Jütlands, die der Limfjord zu trennen droht, verbunden. Das schließt auch die Inseln ein, die im Fjord selbst liegen, von denen die größte, *Mors,* 368 Quadratkilometer umfaßt.

Wie es sich heute zeigt, bedeutet der Limfjord durchaus keine Aufspaltung Jütlands, sondern verleiht dem Land nördlich wie südlich des Einschnitts eine abwechslungsreiche Note. Ohne den Limfjord wäre schließlich Ålborg gar nicht entstanden, von den anderen wichtigen Siedlungen an den Limfjord-Ufern ganz zu schweigen. Auch die Limfjord-Austern gäbe es nicht, wie hoch oder gering Sie diese Tatsache auch bewerten mögen. Durch den Limfjord wird die behäbige Schwere des weiten Binnenlandes zwischen zwei kontrastierenden und dann und wann auch rivalisierenden Küsten aufgehoben. Der Limfjord bedeutet ein neues Atemholen der Landschaft. Wenn Sie irgendwo am Limfjord sind, haben Sie das Gefühl, die Luft rieche anders, die Sonne scheine anders, die Städte lebten anders als im sonstigen Jütland. Mir geht's jedenfalls so. Schnuppern Sie mal, ob Ihnen das auch auffällt!

Der Name des Limfjords stammt vom Limstein oder Leimstein, dem hellen Kalkstein, der hier vorkommt. Wie stolz die Jüten auf »ihren« Limfjord sind, beweist die Legende, die sich mit Vorliebe die Bewohner von Mors erzählen, die ihre Insel für die »Perle« des Limfjords halten. Hören Sie selbst: Als Gott daranging, bei der Erschaffung der Welt auch Jütland zu bauen, entschloß er sich, dafür zunächst ein Modell zu machen. Das gelang ihm so gut, daß er dieses Modell nicht wegwerfen wollte. So legte er es kurzerhand in den Limfjord, wo es heute die Insel Mors bildet. Daraus können Sie folgern, daß Sie am und im Limfjord sozusagen den Inbegriff von Jütland finden.

Am Limfjord-Südufer entlang

Lassen Sie Ihre Limfjord-Exkursion in *Ålborg* beginnen. Kurz hinter der Stadt wird der Fjord merklich breiter, umfließt die *Insel Egholm* und erreicht dann auf der Höhe von *Nibe* mit der *Nibe Bredning* seine erste größere Ausbuchtung. Die Straße verläuft aus dem Süden von Ålborg ziemlich gradlinig und läßt Sie bei *Sønderholm* eine Wikinger-Grabstätte besuchen, die das Gegenstück zu Nørresundby, wenn auch weit bescheidener, darstellt. Die Wikinger waren jedenfalls hier auf beiden Seiten des Limfjords.

Nibe stellt eine jener intim wirkenden, idyllischen Limfjordstädte dar, die mit ihren schmalen Gassen und geduckten Häusern ein Stück Jütland von einst verkörpern. Schon Ende des 14. Jahrhunderts war von Nibe als einem Fischerdorf die Rede. Sein Wachstum begann durch die Heringsfänge des 16. Jahrhunderts, so daß es 1727 Stadtrecht erhielt. Dann aber verlor der Heringsfang an Bedeutung – nur in Nibes Stadtwappen stehen noch immer drei Heringe. Und ausgerechnet in der *Kirche* finden Sie das Modell eines Fischerbootes, wie es damals verwendet wurde, als Heringe von Nibe in den Städten der Hanse als Delikatesse begehrt waren. Heute ist Nibe ein Städtchen von 2800 Einwohnern, dessen Backsteinkirche aus dem 15. und der Turm aus dem 18. Jahrhundert stammen, ein Ort, in dem Sie nicht nach großen Sehenswürdigkeiten suchen sollten. Bummeln Sie hindurch, freuen Sie sich an Beschaulichkeit und Frieden.

Südlich von Nibe passieren Sie den *Herrensitz Lundbaek* von 1804, der heute Landwirtschaftsschule ist, und überqueren den Sebbersund mit der *Sebber-Kirche,* einer einstigen Klosterkirche. Auf der Fahrt nach Løgstør kommen Sie außerdem noch an der dreischiffigen Kirche von *Skarpsalling* aus dem 12. Jahrhundert vorüber. Kurz vor Løgstør führt die erste Brücke über den Limfjord: die 1942 angelegte *Aggersundbrücke,* an deren anderem Ende landeinwärts *Fjerritslev* (siehe Seite 76 f.) liegt. Hier ist der Limfjord besonders eng.

Auch *Løgstør* hatte seine Blüte in der großen Zeit der Heringsfänge, doch spielt sein Hafen weiterhin eine wichtige Rolle. Was einst die Heringe waren, sind heute die Miesmuscheln. Blättern Sie ein paar Jahrhunderte in der Geschichte zurück: Im 16. Jahrhundert stand Løgstør, heute hat es 3500 Einwohner, in hartem Wettstreit um die Vorherrschaft im Fischfang mit – Ålborg und kann eigentlich froh sein, daß es beschaulich geblieben und nicht etwa eine Großstadt geworden ist. Bis es Stadtrecht erhielt, mußte erst das 20. Jahrhundert kommen. Über Løgstørs Geschichte und den Limfjord überhaupt können Sie sich am besten im *Limfjordmuseum* unterrichten, das in der Saison von 10 bis

12 und 13 bis 18 Uhr geöffnet ist. Hinterher wissen Sie viel über Fischerei, Seefahrt und Fährverkehr im Limfjordraum!
Nach Westen zu weitet sich nun der Limfjord zu der Løgstør Bredning, in deren Mitte die Insel Mors liegt. Die Straße führt von Løgstør südwärts und kommt dabei nach 12 Kilometern an die Ruinen des Zisterzienser-Klosters *Vitskøl,* das 1158 gegründet wurde und der Reformation zum Opfer fiel. Eine gegen Ende des Dreißigjährigen Krieges neugebaute Kirche wird nicht mehr benutzt. Das Gelände gehört heute zu einer Jugendschule. Sie können aber den *Klostergarten* mit seinen Gewürz- und Heilkräuteranpflanzungen im Sommerhalbjahr täglich von 10 bis 17 Uhr besichtigen.
Südlich von *Trend,* das kurz darauf folgt, dehnt sich ein schöner, über 400 Hektar großer Wald aus. Er wurde dem dänischen Königshaus 1937 für die Jagd vom Volke geschenkt. An der Trendå kann man Lachse und Forellen angeln. Kurz danach liegen nahe der Küste bei *Ertebølle* grasbewachsene Müllhaufen aus der Zeit vor 5000 bis 7000 Jahren. Küchenabfälle, Lagen von Austern- und Muschelschalen wurden von den Menschen der Steinzeit hier zusammengetragen. Seit sie Ende des vorigen Jahrhunderts entdeckt wurden, haben sie viel Wissenswertes über die Vergangenheit verraten (Periode der »Kjøkkenmøddinger« während der Jungsteinzeit).
Weiter südlich ragt die Halbinsel *Hvalpsund* in den Limfjord. Auf ihr liegt bei *Hessel* der letzte Herrensitz des Landes, der noch nach alter Sitte mit Stroh gedeckt ist. Heute dient er als Landwirtschaftsmuseum. Die Landschaft, die sich hier zwischen Limfjord und Hobro (siehe Seite 110f.) hinzieht, wird von den Jüten als *Himmerland* bezeichnet. Falls Sie es eilig haben, nach Skive zu kommen, können Sie bei Sundstrup den Hjarbaek-Fjord mit der Virksund-Brücke überqueren.
Aber damit lassen Sie sich leider auch einen der am weitesten verzweigten Arme des Fjords entgehen, der landschaftlich ungemein reizvoll ist. Freilich müssen Sie einen großen Bogen bis beinahe nach Viborg schlagen. Von der südlich führenden Straße können Sie jedoch über Kølsen und Løgstrup nach dem hübschen Fischerdörfchen (mit nettem Kro) *Hjarbaek* im gleichnamigen Fjord gelangen. Durch liebliche Hügellandschaft, an Fiskbaek vorbei, halten Sie sich bald wieder nördlich, um das *Ørslevkloster* zu erreichen. Es wurde im 13. Jahrhundert als Benediktinerkloster erbaut und um 1760 umgestaltet. Heute dient es als Studien- und Kursuszentrum. Von hier ist es nicht mehr

weit nach Skive, wobei Sie auf der gleichen Straße sind, die Sie bei der Abkürzung über die Virksundbrücke erreicht hätten.
Skive ist mit 18 000 Einwohnern eine lebhafte Hafen- und Industriestadt, in der vor allem Lebensmittel und Maschinen hergestellt werden. Schon 1326 hatte Skive Handelsrechte, besaß sogar einmal einen Königshof, der jedoch um 1800 abgebrochen wurde. Die alte *Kirche* ist ein romanischer Bau und ist im Inneren mit bedeutenden *Freskenmalereien* des 16. Jahrhunderts ausgeschmückt. Skives *Museum* ist recht reichhaltig und besitzt Dänemarks größte *Bernsteinfunde* (von Mollerup bei Rødding, 12 Kilometer nordwestlich), eine Grönlandsammlung und moderne dänische Kunst. Geöffnet an Werktagen von 10 bis 17 Uhr, am Wochenende von 14 bis 17 Uhr. Hinter dem Hafen entdecken Sie das alte Herrenhaus *Krabbesholm,* dessen Anfänge auf das 16. Jahrhundert zurückgehen. Heute arbeitet darin eine Volkshochschule. Beachten Sie das Nebeneinander von hohem Mittelflügel, der als ältester Teil im 16. Jahrhundert entstand, und den niedrigen Fachwerkflügeln, die im 18. Jahrhundert angebaut wurden.
Von Skive nach Norden erreichen Sie einmal die anmutige Insel *Fur,* die von Branden aus mit der Fähre zugänglich ist. Vom 75 Meter hohen »Bette Jens Hügel« können Sie das Land am und um den Limfjord weithin überschauen. Auf der Insel, die nur schmalen Badestrand hat, gibt es auch einen Campingplatz. Im *Museum* von Fur erfahren Sie allerlei über die Insel und finden interessante *Versteinerungen.* Im Sommer von 13.30 bis 17 Uhr geöffnet. Südwestlich von Fur führt die 1978 eingeweihte Sallingsundbrücke zügig auf die Insel Mors (siehe Seite 131 f.). Früher verkehrte hier von Glyngøre aus eine Fähre auf die Insel, danach eine Privatfähre bei Sallingsund. Beide sind überflüssig geworden. Freilich – ein Stück Fährromantik, die gerade hier deutlich spürbar war, ist damit auch verlorengegangen.
Machen Sie nun einen Bogen, der Sie über Rødding zur *Burg Spøttrup* führt. Das ist eine der bedeutendsten mittelalterlichen Burgen des Landes. Dank einer geschickten Restaurierung hat sie ihr ursprüngliches Bild bewahrt. Die von einem Wallgraben umgebene Burg des 15. Jahrhunderts diente zeitweise als Bischofssitz. Im südlich nahen *Lihme* eine *Dorfkirche,* die an die Normannenzeit erinnert.
Von Skive aus südwestlich erreichen Sie das Gebiet der *Hjerl-Hede.* Dieses Waldgebiet umfaßt rund 1000 Hektar und hat Heidecharakter. Es wurde als Privatbesitz des dänischen Kaufmanns Hjerl-Hansen da-

durch attraktiv, daß hier das *Freilichtmuseum* »Das alte Dorf« entstand. Das gesamte Gebiet steht unter Naturschutz, wozu auch der langgezogene *Flyndersee* und der *Stubbergård-See* (nahe der A 16) gehören. Das »alte Dorf« besteht aus einer Dorfanlage aus der Mitte des 16. Jahrhunderts mit Windmühle und Handwerkerhäusern. Außerdem wurde ein Haus der Steinzeit nachgebildet. Im Juli finden hier Freilichtspiele statt. Die Hjerl-Heide ist besonders in dieser Zeit, wenn das Steinzeitleben sozusagen demonstriert wird, besuchenswert. Öffnungszeiten 9 bis 18 Uhr.

Auf dem Weg weiter westlich liegt *Sahl* mit einer romanischen *Kirche* des 12. Jahrhunderts, die einen »goldenen Altar« aus gehämmerten Kupferplatten auf Holzschnitzereien besitzt. Von hier erreichen Sie über Vinderup zwei Städte von Bedeutung: Struer, unmittelbar am Limfjord, und Holstebro im Hinterland.

Holstebro, 25 000 Einwohner, ist seit Jahrhunderten als Handelszentrum von Bedeutung. In erster Linie wurde, schon im Mittelalter, Vieh verkauft, aber inzwischen hat sich auch Industrie angesiedelt. Nach historischen Bauten suchen Sie – außer in Vester- und Østergade – vergebens, aber die Stadt hat es verstanden, sich auf kulturellem Gebiet in der Gegenwart auszuzeichnen. So gibt es eine Fußgängerzone mit modernen Plastiken, z. B. die Skulptur »Frau auf Karren« von Giacometti an der Kirche, die Versuchsbühne Odin-Theater und die Musikhochschule. Sie können sich davon auch in nicht weniger als sechs *Museen* überzeugen. Originell »Det gamle Postkontor« – das alte Postamt, jeden Samstag von 10 bis 12 Uhr zugänglich. Während das Dragoner- und Freiheitsmuseum und das Heimatverteidigungsmuseum Sie vielleicht weniger berühren, ist das Kunstmuseum reichhaltig und originell: neuere dänische Kunst, ausländische Graphik, Kunst aus Afrika, Peru und Bali. Geöffnet an Werktagen von 13 bis 17 Uhr, am Wochenende 10 bis 17 Uhr. Das Holstebro-Museum umfaßt Früh- und Kulturgeschichte und enthält auch eine Pfeifensammlung. Täglich 13 bis 17 Uhr geöffnet. Schließlich zeigt ein Museum Gemälde und Aquarelle von Jens Nielsen.

Struer liegt an der Venø-Bucht, hat 11 000 Einwohner und erhielt zu Beginn dieses Jahrhunderts Stadtrecht. Seine ursprüngliche Bedeutung lag im Fährhafen nach Venø, dessen Hafenanlagen auf Initiative von Holstebro entstanden. Außer ein paar älteren Häusern: ein *Heimatmuseum* (sommers, außer montags, von 13 bis 17 Uhr geöffnet).

Machen Sie auf der Weiterfahrt nach *Lemvig* einen Umweg über *Humlum*, weil diese Strecke einen landschaftlichen Höhepunkt ganz Jütlands darstellt. Sie fahren über *Toftum Bjerge* mit seinen Hügeln und überblicken von da aus weit den Limfjord bis hin zur Nordsee. Der gewundene Weg passiert alte Höfe, Wassermühlen, kleine Gewässer. Den höchsten Punkt mit der schönsten Aussicht erreichen Sie kurz vor Lemvig an der *Nør-Lem-Kirche*, von wo Sie eine Haarnadelkurve nach Lemvig bringt. Lassen Sie sich aber noch auf die südlich dieser Strecke gelegene *Klosterhede* aufmerksam machen. Sie umfaßt 6300 Hektar und ist das Ergebnis einer Waldanpflanzung, die das frühere Heidegebiet belebte. Allerdings müssen Sie die Landschaft zu Fuß durchwandern.

Für *Lemvig* hat der Fischereibetrieb Vorrang. Von hier können die Fischkutter durch die Nissum Bredning und den Thyborøn-Kanal in die Nordsee hinausfahren. Der Fisch wird hier auch verarbeitet, ebenfalls gibt es eine Auktionshalle. Ältestes Bauwerk ist die gotische *Kirche* des 12. Jahrhunderts. Wundern Sie sich nicht über den Zwiebelturm: Er wurde erst vor einigen Jahrzehnten hinzugefügt. Die Kirche mit Treppengiebel-Schiffen steht in der Stadtmitte auf dem Torvet, nahe einer Fußgängerstraße. Das *Heimatmuseum* enthält Anschauungsmaterial über dänisches Rettungswesen, Strandungen an der Westküste und über die Herstellung von Hornlöffeln, außerdem Bauernmöbel und Gemälde. Im Sommer an Werktagen von 10 bis 12 und 14 bis 17 Uhr geöffnet. Von Lemvig sind Sie rasch an der Nordsee und erreichen damit die Zufahrt nach Thyborøn, die Sie schon kennen (siehe Seite 125).

Der Limfjord und seine Insel Mors

Inseln sind im Limfjord keine Mangelware. Aber Mors ist nicht allein die größte, sondern auch die bedeutendste und selbstverständliches Ziel jeder Limfjord-Fahrt. Immerhin führen auf diese »Insel« inzwischen mehrere Zufahrten – eine davon aus Richtung Skive über den Sallingsund, eine andere von Thisted aus über den Vildsund. Die Insel umfaßt stattliche 368 Quadratkilometer, ist 38 Kilometer lang und 18 Kilometer breit. Viel Landschaft also zum Anschauen. Ihr Hauptort ist *Nykøbing*, eine der drei dänischen Städte dieses Namens, eine Tatsache, die den Zusatz »Mors« erforderlich macht. Ich möchte sagen, daß dieses Nykøbing an der Spitze der drei liegt. Die anderen finden Sie übrigens auf den Inseln Seeland und Falster. Unser Nykøbing wurde Ende des 13. Jahrhunderts erstmals in Urkunden genannt. Als 1377 hier das Dueholm-Kloster der Johanniter gegründet wurde, erhielt die Stadt viel Auftrieb. Mit den Heringsfängen des 16. Jahrhunderts wuchs auch der Wohlstand der Stadt. Heute stellt sie den Mittelpunkt der Austernfischerei im Limfjord dar. Die Austernbänke von Mors befinden sich auf der Landzunge Ørodde. Industrie in Form einer Eisengießerei gibt es allerdings auch.

Nykøbing hat in seinen Straßen manche Häuser aus der Renaissance bewahrt, die das Stadtinnere insgesamt außerordentlich behaglich wirken lassen. Kirche und Rathaus sind allerdings keine historischen Bauten (voriges Jahrhundert). In einem restaurierten Flügel des einstigen *Klosters* zeigt heute das *Museum* (10 bis 12, 14 bis 16 Uhr, nur im Sommer) allerlei aus der Inselgeschichte.

In der Nähe der Stadt dürfen Sie sich den *Jesperhus-Blumenpark* keinesfalls entgehen lassen. Auf einer Fläche von fünf Hektar enthält diese größte und reichhaltigste Blumenpark-Anlage Dänemarks etwa 500 000 Pflanzen. Solange geöffnet ist – Mai bis Anfang Oktober, bei Tageslicht –, ist immer vielerlei in Blüte. Dazu gibt es ein Süßwasseraquarium und weitere Attraktionen. Wer will, kann auch Pflanzen für den eigenen Garten einkaufen.

Die dichtbesiedelte Insel läßt deutlich erkennen, wie zu beiden Seiten das eiszeitliche Schmelzwasser den Kern der Insel umgangen hat. Es gibt zahlreiche Steilufer. Fruchtbarer Boden ermöglicht eine lebhafte Landwirtschaft. Am höchsten ragt Mors im Norden empor, wo die Salgjerhøj 89 Meter erreicht. Von *Feggeklit* heißt es, daß hier Hamlet seinen Onkel, König Fegge, tötete. Der 61 Meter hohe Felsen *Hanklit* im Westen der Insel ist geologisch wie landschaftlich bedeutsam. Aber mir gefallen die Hügel der *Legind-Bjerge,* südlich von Nykøbing, mit der *Burg Højris* aus dem Jahr 1700 am besten. Hier zeigt Mors eine Anmut, die es zu einer verschwiegenen Ferieninsel macht, die noch nicht überlaufen ist. Allerdings sind die Bademöglichkeiten nicht die besten.

Stille Landschaft auf der Insel Mors im Limfjord

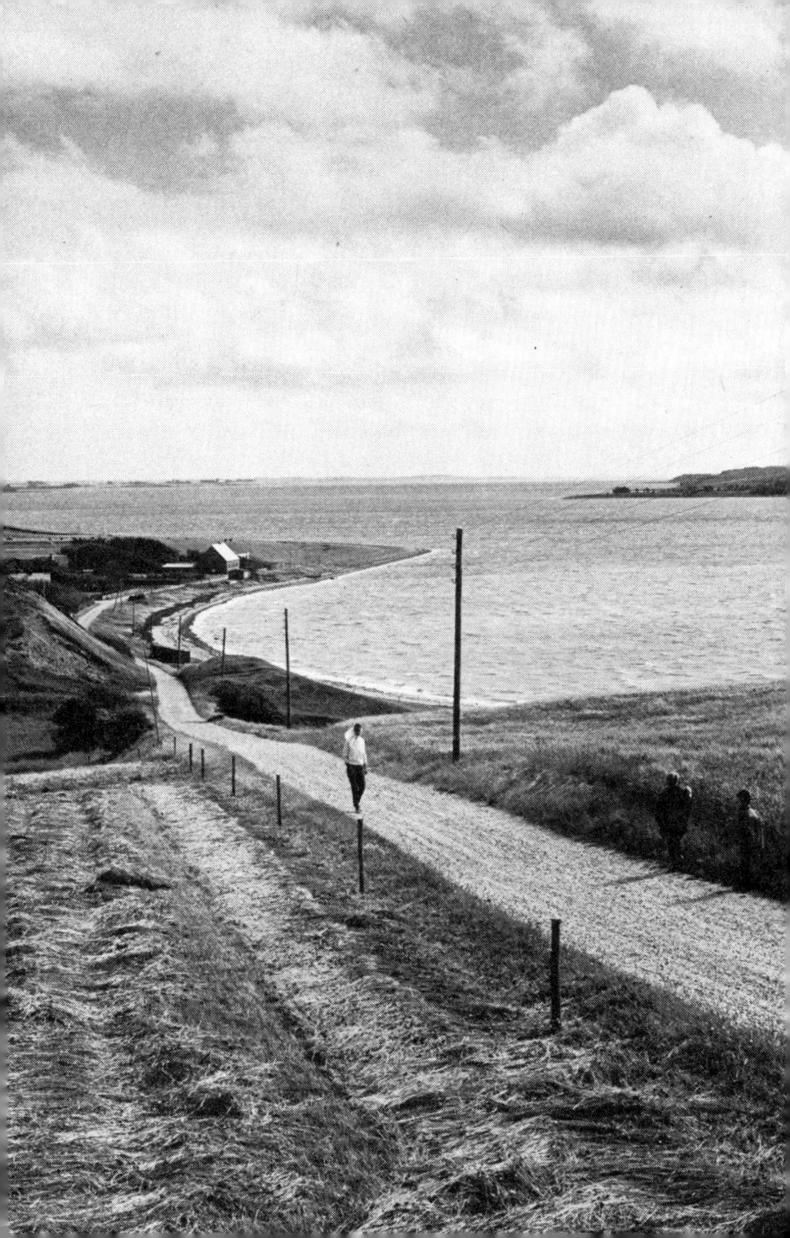

Von Struer zum Limfjord-Nordufer

Über die stählerne Brücke des Oddesund erreichen Sie von Struer über Humlum und weiter nördlich das jenseitige Ufer. Ganz schmal muß sich der Fjord hier machen, um in *Nissum Bredning* und von da in die Nordsee zu gelangen. Die Heidelandschaft, die sich nördlich anschließt, bewahrt mancherlei aus Jütlands Vorzeit. Von der A 11, auf der Sie unterwegs sind, erblicken Sie im Raum von Ydby mit der *Ydby-Heide* eine Reihe von *Hünengräbern,* die hier dicht gesät sind: Rund 200 hat man gezählt. Vier Kilometer hinter Hurup entdecken Sie rechts die *Lundehøj* mit einer *Jettestue,* einer der größten Grabkammern der Steinzeit. Sie können sich auf dem Hof Nr. 211 den Schlüssel zur Besichtigung holen. Falls Sie die Kirche von Vestervig (siehe Seite 75) noch nicht kennen, erreichen Sie sie von Hurup aus rasch.

Die Fahrt auf der A 11 führt näher oder weiter vom Limfjord entfernt nach *Thisted,* der wichtigsten und reizvollsten Stadt am nördlichen Ufer. Mit ihr sind Sie im Gebiet von Thy. Lassen Sie sich von der beschaulichen Stimmung der Stadt gefangennehmen. Ursprünglich hatten hier die Bischöfe von Børglum eine Niederlassung, der sie um 1500 Stadtrecht verliehen. Im vorigen Jahrhundert wurde der Hafen gebaut, der sich als günstig erwies und heute für den Handel nicht mehr wegzudenken ist. Vorherrschend ist Viehhandel. Thisted ist Geburtsort des dänischen Dichters Jens Peter Jacobsen.

Im Mittelpunkt von Thisted (11 000 Einwohner) steht die *Kirche* aus dem Jahr 1500, die einer romanischen Kirche folgte, deren Steine teilweise für diesen Bau verwendet wurden. Am östlichen Giebel erblicken Sie das Sinnbild der Stadt: Maria mit dem Kind. Unweit der Kirche Geburtshaus und Grab Jacobsens. Wer Näheres über ihn erfahren will, hat dazu im *Museum* Gelegenheit, das die historische Entwicklung der Landschaften Thy und Han Herred darstellt. Es ist im Sommer von 10 bis 17 Uhr geöffnet. Im Stadtpark Christiansgave, von König Christian VIII. gestiftet, befindet sich ein *Freilichttheater.* Am Store Torv sollten Sie das Juweliergeschäft von Henningsen beachten, das in eigener Werkstatt entstandene Arbeiten aus Bernstein zeigt, der in der Umgebung gefunden wurde. Vor der Sparkasse steht eine originelle Eisenplastik.

Die Weiterfahrt auf der A 11 gibt Ihnen bei Østerild die Gelegenheit, noch einmal auf eine fjordnähere Nebenstraße abzubiegen. Auf ihr stoßen Sie bei *Øsløs* (neben der Gedenkstätte für den Dichter Skjoldborg) auf einen weiteren *Wikinger-Friedhof*. Sobald Sie die Aggersund-Brücke erreicht haben, kehren Sie entweder über die Brücke nach Ålborg zurück oder folgen der A 11 über Fjerritslev, Brovst und Åbybro nach Nørresundby mit den *Wikingergräbern* der Lindholmhøje. Sie können freilich auch hier noch einen Abstecher zur Halbinsel *Gjøl* mit Ulvedybet, dem stattlichsten Vogelreservat des Nordens, machen. Dazu biegen Sie bei Brovst nach Süden ab, passieren Øland mit dem Schloß Oxholm und seiner Kirche und erreichen über einen Damm dann Gjøl.

Soviel ist gewiß: Der Limfjord mit seinem Umland ist ein Stück Jütland, das nicht jeder kennt, das – vermutlich – auch nicht jedem gefällt: Weil die feinen Sandstrände fehlen, weil das Meer nicht gebieterisch anbrandet, sondern der Limfjord fast stets wie ein großer beruhigender See wirkt. Aber wer auf der Suche nach einer noch nicht vom Tourismus überlaufenen Landschaft ohne Kiosk und Souvenirladen ist, der wird irgendwo am Limfjord bestimmt den Platz entdecken, nach dem er sich immer gesehnt hat. Ganz zu schweigen von den Wassersportlern, die endlich einmal ein anderes Revier suchen und dabei vielleicht auch die 84 unbewohnten Inseln und Inselchen aufstöbern, die der Fjord beherbergt. Ich bin jedenfalls noch nie vom Limfjord weggefahren, ohne in Gedanken zu sagen: Farvel, Limfjord – wir kommen bald wieder!

Den alten Heerweg entlang und etwas weiter

Wenn Sie heute über die Europastraße 3 von Nord nach Süd fahren, wenn Sie die Grüne Küstenstraße parallel zur Nordsee verfolgen, dann ist es schwer vorstellbar, daß im Mittelalter die Hauptstraße ganz anders verlief und erheblich wichtiger war: die jütländische Heerstraße, die durch die Landesmitte zog, wohlweislich weit genug von den Unbilden der Küste entfernt.
Dieser »Jydske Haervej«, dessen Reste Sie noch vielerorts aufspüren können und der teilweise sogar wiederbelebt wurde, verlief von Süd nach Nord: von Bov nahe der deutschen Grenze, zwei Kilometer westlich von Kruså, über Rødekro, Vojens, Vejen, Baekke und weiter – westlich von Vejle und Silkeborg –, um schließlich in Jütlands einstiger Hauptstadt Viborg zu enden – oder eben dort mit Kurs nach Süden zu beginnen. Diese Straße führte weithin am jütländischen Höhenrücken entlang, als ob die Natur sie selbst in die Landschaft geschrieben hätte.
Freilich – wenn vom Heerweg die Rede ist, dann bedeutet das nicht allein, daß hier kriegerische Scharen, Landsknechte entlangzogen, obwohl das im Lauf der Jahrhunderte selbstverständlich oft genug der Fall war. Er war zugleich – und eigentlich in erster Linie – der Pfad für die Händler, Viehtreiber und Pilger, für Mönche und Boten, fahrende Schüler und Kuriere – kurz, für jeden, der aus Jütland in den Süden und von Mitteleuropa hinauf in den rauhen Norden wollte. So öffnet dieser alte Heerweg heute gewissermaßen das Innere von Jütland. Denn so selbstverständlich sich die Küsten befahren und entdecken lassen, so spielen die Wege ins Landesinnere doch meist eine neben-

Das 1852 errichtete Denkmal am Grathe Moor des Heerwegs erinnert an die Schlacht von 1157 zwischen den Königen Svend und Valdemar

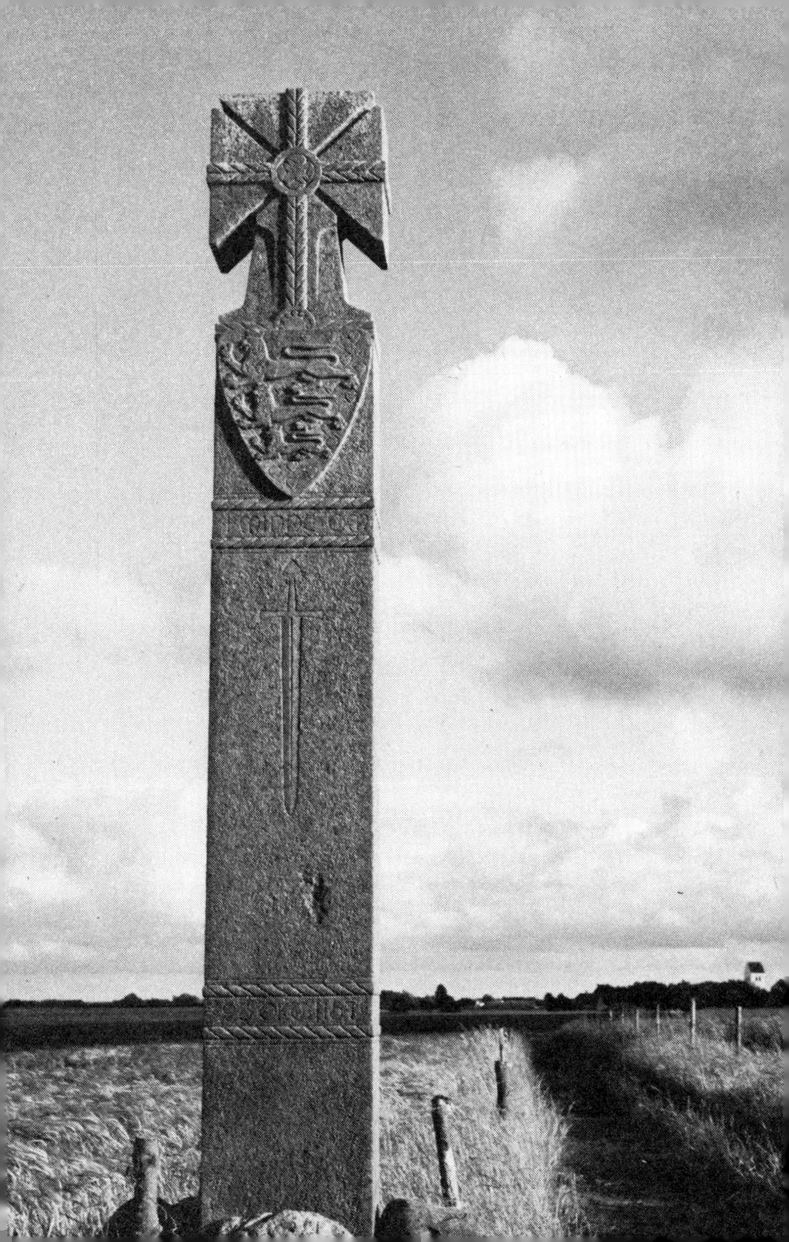

sächliche Rolle und werden von vielen, die es zu Stränden und Meer zieht, gar nicht erst gesucht.
Überraschenderweise sind im Zug dieses Heerwegs nur wenige Siedlungen und Städte von Bedeutung gewachsen. Vejen, Vojens und Viborg sind eigentlich die einzigen. Alle anderen Orte, die er berührte, sind bedeutungslos geblieben oder es geworden. Wie ist das möglich? Lebensnerv waren die Küsten, so daß die meisten jütländischen Städte zugleich Häfen waren und sein mußten. Möglichkeiten für Häfen aber gab es am Heerweg nicht. Dennoch liegen mehr oder minder weit von dem Saumpfad von einst doch ein paar Ansiedlungen, die Bedeutung gewonnen haben und als Städte ohne Häfen, »auf dem Trockenen«, Lebensberechtigung hatten und haben. Der Glanz einer Landschaft oder die Kraft einer Industrie ermöglichten ihnen, sich dennoch durchzusetzen.
Vielleicht hilft es Ihrer Phantasie nach, wenn heute wieder – als abenteuerliches Spiel und Freizeitspaß – wie einst die *Planwagen mit Pferden* einen Teil der Strecke des alten Heerwegs entlangziehen. Vielleicht begegnen Sie sogar bei Ihrer nächsten Fahrt den jungen Leuten, die etwas von der Western-Romantik der Neuzeit auf die mittelalterliche Strecke von einst zu übertragen suchen. Schaden kann es gewiß nicht. Jedenfalls erfüllt es den Weg von einst mit dem Atem von heute.

Legoland am Heerweg?

Was sich im südlichen Teil des Heerwegs abspielt, haben Sie bereits in einem früheren Kapitel erfahren. Von da gelangten Sie nach Vejen (siehe Seite 62), wo der Heerweg seinen Kurs in Richtung auf *Baekke* nimmt. Hier – und bereits auf halbem Weg dorthin, in *Laeborg* – stoßen Sie auf tausendjährige *Runensteine,* die kaum ein Tourist besichtigt, weil sie nicht so »berühmt« geworden sind wie etwa die von Jelling (siehe Seite 90f.).
Machen Sie in *Baekke* Halt! Hier hat der Kro (der Sie auch sonst gut versorgt) in seinem Eingangsraum rund 30 Zeichnungen angebracht, die ein sehr plastisches Bild vom ursprünglichen Zustand des Heerweges vermitteln. Wenn Sie vom Kro durch Skolegade und Klebaekvej fahren, kommen Sie zu einer *Schiffssetzung,* bei der ein Runenstein steht. Die Weiterfahrt auf der Hauptstraße in Richtung Torsted bringt

Sie an einen Parkplatz, neben dem ein 90 Meter breiter Abschnitt der typischen alten Heerstraße deutlich zu erkennen ist. Stellen Sie sich einen Augenblick vor, welche Schicksale mit dieser Straße im Lauf von Jahrhunderten verbunden waren!

Von Baekke in nordwestlicher Richtung kommen Sie zwar etwas vom Heerweg ab, gelangen aber nach *Vorbasse*. Das ist der Sitz eines »Jydsk Ride-Institut« (Anschrift: Vejle, Box 55), das dadurch bekannt geworden ist, daß hier jeden Sommer Wild-West-Lager für Kinder zwischen 7 und 17 Jahren (Jungen und Mädchen) stattfinden. Die Kinder leben in Präriehütten, können reiten, müssen die Pferde pflegen. Zum Höhepunkt wird eine Fahrt mit dem Planwagen in Richtung Vejle über den alten Heerweg. Der jütländische Höhenrücken verläuft hier besonders abwechslungsreich durch bewaldetes Hügelland.

Das merken Sie auf der Weiterfahrt nach Billund, welchen Weg Sie auch nehmen. In der Nähe von Egtved passieren Sie in Richtung Billund die *Nybjerg Mølle,* eine Wassermühle mit hölzernem Rad, die noch in Betrieb ist. Die Anlage mit Mühlensee und Forellenteichen ist ausgesprochen romantisch.

Billund hat zwar nur 2000 Einwohner, ist aber dennoch durch mehrere Umstände weithin bekannt. Einmal durch seinen Flugplatz, der von dänischen Reiseveranstaltern für Charterflüge genutzt wird. Zum anderen durch die Fabrik, die Plastikbausteine unter dem Namen Lego herstellt. Sie hat auf einer Fläche von 40 000 Quadratmetern seit 1958 aus 15 Millionen Steinen eine ganze kleine Welt aufgebaut, zugleich ideale Schau- und Spielgelegenheit für kleine und erwachsene Kinder. Insgesamt stehen hier 600 Häuser, die mittelalterliche Städte, Dörfer und Marktplätze bilden. Dazu moderne Zukunftsbauten, Schlösser, Cap Kennedy und anderes. Die Anlage von Billund, »Legoland«, wird im Jahr von etwa dreiviertel Millionen Menschen besucht. Zusätzlich gibt es eine Verkehrsschule für Kinder, »Legoredo« als Wild-West-Stadt, ein Puppenmuseum mit über 300 alten Puppen und alten Puppenhäusern. Auch auf dem Pony kann geritten, »Gold« kann gewaschen werden. Wer mit Kindern reist, kommt um den Besuch von Legoland nicht herum und – wird selbst begeistert sein. Höhepunkt an Wochenenden die Wachablösung der Legogarde mit Platzkonzert. Wenn es irgendwo in Europa ein Gegenstück zu Amerikas Disneyland gibt, dann hier in Billund. Die Saison beginnt jeweils am 1. Mai und läuft bis Ende September. Geöffnet ist täglich zwischen 10 und 20 Uhr. Billunds dritte Attraktion ist übrigens eine Trabrennbahn. Kein Wunder also, daß Billund, so klein es ist, zu den bekanntesten Orten Jütlands zählt.

Löwen, Heide und Textil

Jütland hat noch eine zweite Attraktion, die Besucher von weit her anzieht, den Löwenpark von *Givskud.* Es gibt mehrere Wege dorthin. Wenn Sie zunächst östlich in Richtung Bredsten fahren, können Sie in Ny Nørup einen hübschen kurzen Abstecher nach *Engelsholm* machen, ein 1593 erbautes schloßartiges Herrenhaus mit vier dicken Zwiebeltürmen, in dessen Umkreis weiß getünchte Insthäuser mit Reetdächern liegen. Park und See gehören dazu. Heute veranstaltet eine Volkshochschule hier ihre Kurse.
In Bredsten halten Sie sich links, wobei Sie recht nahe bei Vejle (siehe Seite 89f.) sind, um von der Strecke nach Give rechts nach *Givskud* abzubiegen. Der Löwenpark besitzt nicht nur Löwen, sondern auch andere exotische Tiere auf einem Gelände von 75 Hektar, die Sie mit dem Wagen – Fenster nicht öffnen, nicht aussteigen! – durchfahren. So gibt es einen Affenpark. Das Safariland von Givskud ist ab 1. Mai bis 31. Oktober geöffnet, und zwar ab 10 Uhr bis zweieinhalb Stunden vor Sonnenuntergang. Die Cafeteria fehlt selbstverständlich nicht.
Von Givskud halten Sie sich an die A 18, fahren in nordwestlicher Richtung an Give vorüber und gelangen nach *Brande,* einer Heidestadt von einst mit heute 5000 Einwohnern, die durch ihre originell bemalten Häusergiebel auffällt. In der Gegend zwischen Brande und Herning wurde im letzten Krieg Braunkohle abgebaut, was der Landschaft heute noch ein ungewohntes Gesicht gibt. Aber wie Herning hat auch Brande bereits Textilindustrie. An der Strecke nach Herning liegt rechts der hübsche *Søbysee,* etwas abseits der Straße, von Høgild

Eine Welt als Miniatur in Billunds »Legoland« – gleich reizvoll für Kinder wie Erwachsene

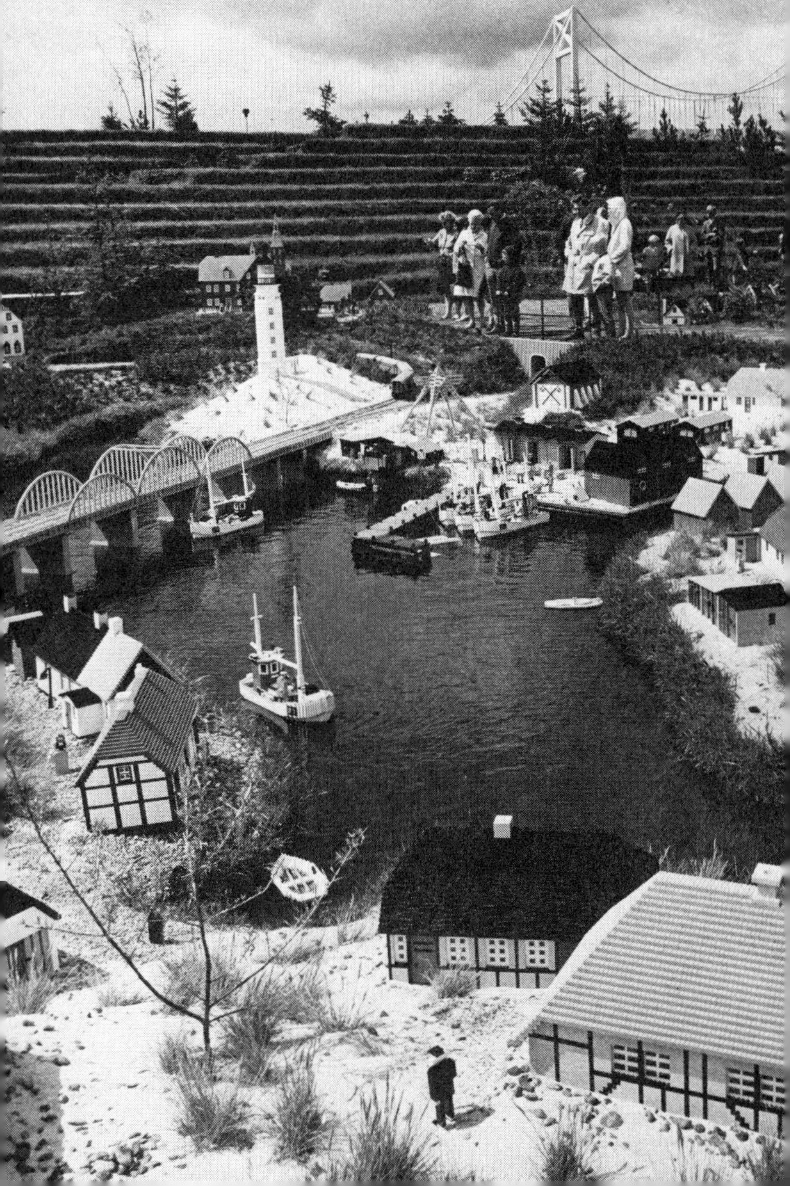

aus am besten zu erreichen. Die parallel zur Rindå laufende Straße passiert großzügige Anpflanzungen, darunter die Rind Plantage kurz vor Herning.

Herning, ursprünglich ganz in der Heide gelegen, hat sich als Textilstadt dadurch entwickelt, daß die Bauern ihre Strickarbeiten verkauften. Heute ist es eine Industriestadt von 33 000 Einwohnern. Das wiegt besonders schwer, wenn Sie sich vor Augen halten, daß es 1840 wenig mehr als ein Dutzend Menschen hier gab. Aber die einsame Heide wurde durch Straßen und Eisenbahn erschlossen, so daß aus der Heimarbeit eine moderne Textilindustrie wachsen konnte. Von der Krawatte bis zum Teppich wird hier beinahe alles hergestellt. 1913 erhielt Herning, nachdem es bei 7000 Einwohnern angekommen war, Stadtrecht. Herning selbst nennt sich hintersinnig die »Stadt, in der die Fäden geknüpft werden«. In der 21 000 Quadratmeter großen Ausstellungshalle finden alljährlich bedeutende Veranstaltungen statt.

Muß Historie in Herning auch klein geschrieben werden, so fehlt es doch nicht an *Museen.* Das Herning Museum berichtet nicht nur über die Geschichte der Heidelandschaft ringsum, sondern enthält dazu ein Trikotagemuseum, das mit alten Geräten und Maschinen die Entwicklung von den in Heimarbeit hergestellten, handgestrickten Strümpfen bis zur modernen Maschinenarbeit zeigt. Geöffnet außer Montag 10 bis 17 Uhr. Hinzu kommt das Kunstmuseum Hernings, ebenso ein Mini-Zoo in Havnstrup, westlich von Herning an der A 15, der von 10 Uhr bis Sonnenuntergang geöffnet ist. Im Park von Hernings Museum ist dem Urheber der Heidegesellschaft, Dalgas, ein verdientes Denkmal gesetzt worden. Er regte in der zweiten Hälfte des vorigen Jahrhunderts die Urbarmachung weiter Heidegebiete an.

Wälder und Seen um Silkeborg

Von Herning führt die A 15 beinahe kerzengerade nach Osten, um die 40 Kilometer bis Silkeborg zurückzulegen. Aber lassen Sie sich noch etwas Zeit. Schon kurz hinter Herning liegt in *Gjellerup* die älteste *Dorfkirche* Dänemarks, die aufs Jahr 1140 zurückgeht und ein romanisches Schiff und gotischen Turm hat. Es ist ein schlichter Bau von einer stillen Größe. Auf der Weiterfahrt nach Osten kreuzen Sie bei Pårup die A 13, die von Vejle nach Viborg führt. Hier ist der Heerweg zur belebten Hauptverkehrsstraße von heute geworden. Südlich dieser Kreuzung bei Nørre-Snede laufen der Heerweg und die A 13 ineinander.

Hier stehen Sie zugleich an der Schwelle zu einer Landschaft, die im Inneren des Landes die schönste und abwechslungsreichste Jütlands ist und südlich von Silkeborg mit Seen, Wäldern und kleinen Dörfchen einen gewinnenden Zauber entfaltet.

Für die Dänen ist *Silkeborg* (29 000 Einwohner) so etwas wie der Inbegriff einer Ferienstadt. Dabei wuchs sie erst vor reichlich hundert Jahren im Umkreis einer Papierfabrik und erhielt 1900 Stadtrecht. Alte Häuser und historische Denkmäler kann Silkeborg nicht aufweisen, aber als Mittelpunkt einer ungemein lieblichen Landschaft braucht das der Stadt keine Sorgen zu machen. Immerhin bewahrt das *Silkeborgmuseum* mit dem *Tollundmann* eine Moorleiche auf, die 2000 Jahre alt ist – der Mann wurde beim Torfgraben im Tollundmoor bei Silkeborg entdeckt. Da das Moor insbesondere den Kopf großartig bewahrte, ist diese Leiche die am besten erhaltene aus dieser fernen Zeit. Daneben hat das Museum eine sehr beachtliche Glasausstellung und weitere prähistorische Funde. Die sommerlichen Öffnungszeiten liegen zwischen 10 bis 12 und 13 bis 17 Uhr, während von Mitte Oktober bis Mitte April nur am Donnerstag und Wochenende von 10 bis 12 und 14 bis 16 Uhr geöffnet ist. Nicht weniger bedeutend ist das *Kunstmuseum* – mit etwa gleichen Öffnungszeiten im Sommer und Winter, jeweils 10 bis 12 und 14 bis 17 (Sommer) bzw. 14 bis 16 (Winter) Uhr. Hier befindet sich Nordeuropas größte Sammlung moderner Malerei und Graphik, in der besonders Asger Jorn vielfältig vertreten ist, aber beispielsweise auch Max Ernst. Jorns größtes Werk, »Stalingrad«, ist hier zu sehen. Hinzu kommen laufende Wanderausstellungen.

Mit vier *Kurhäusern* stellt Silkeborg das größte medizinische Erholungszentrum ganz Dänemarks dar. Es handelt sich um Kurbetriebe, die insbesondere für Herz- und Nervenleiden geeignet sind. Dabei besitzen Wälder und Seen der Umgebung einen günstigen Einfluß.

Silkeborg liegt inmitten mehrerer Seen. Auf ihnen verkehrt u. a. Dänemarks ältester *Raddampfer,* 1861 erbaut, mit dem Namen »Hjejlen« (Regenpfeifer). Er fährt von Silkeborg zunächst zum Himmelbjerg und weiter nach Ry. Der Himmelbjerg, den viele irrigerweise für Jütlands höchsten Berg halten, obwohl er »nur« auf 147 Meter kommt (siehe Seite 93), trägt außer einem Ausflugslokal einen 25 Meter hohen Aussichtsturm, der einen Überblick über die ganze Landschaft gibt. Wenn Sie hier sind: Versuchen Sie, zu einer Dampferfahrt zu kommen, mit der Sie wirklich einen ausgezeichneten Eindruck der Seelandschaft erhalten. Die Kette der Seen geht ineinander über, und selbstverständlich ist hier auch Wassersport in großem Umfang möglich, für den sich auch die *Gudenå* anbietet: Auf einer Länge von 160 Kilometern bis Randers kann das Kanu benutzt werden. Größte Seen des Gebietes sind Julsø und Mossø, die gewissermaßen eine Wasserbrücke von Silkeborg nach Skanderborg (siehe Seite 93) schlagen. Wald und Seen lassen sich auch mit dem Auto hervorragend kennenlernen, auch auf den Himmelbjerg führt eine Fahrstraße. Eigentlich sollten Sie mehr oder minder ziellos durch diese Landschaft fahren und sich an Ausblicken und Stimmungen erfreuen. Immerhin gibt es auch einige wichtige Sehenswürdigkeiten, die Sie bei dieser Gelegenheit gleichfalls besuchen könnten. Nordöstlich von Silkeborg besitzt *Gjern* ein *Oldtimer-Automobilmuseum,* von Mitte Juni bis Mitte August 10 bis 18 Uhr, sonst am Wochenende 13 bis 18 (Samstag) und 10 bis 18 Uhr (Sonntag) geöffnet, im Winter geschlossen. Südlich von Ry befindet sich bei *Emborg* am Mossee die Ruine des Klosters *Øm*. Es entstand im 12. Jahrhundert und wurde im 16. Jahrhundert abgerissen. In einem kleinen *Museum* des einstigen Zisterzienserklosters können Sie vorgeschichtliche Funde aus dem Gebiet betrachten. Von *Gammel Rye* mit seiner mittelalterlichen *Kirche* stoßen Sie bei *Ryebro* auf das *Gudenå-Museum* mit 30 000 Werkzeugen aus der hiesigen Steinzeitkultur.

Auf dem Weg nach Viborg

Auch für diesen letzten Teil unserer »Tour de Jütland« kann ich Ihnen mehrere Möglichkeiten vorschlagen: Diese Mitte Jütlands erschöpft sich durchaus nicht im Zauber von Silkeborgs Seen.
Hauptstrecke ist die A 13, die sich ungefähr an den alten Heerweg hält. Kehren Sie also zunächst an die Kreuzung von A 15 und A 13 bei Pårup zurück, wobei Sie links der Straße die Store Horby-høj mit 131 Metern und rechts der Straße die Kirkehøje mit 128 Metern mit stattlichen Anhöhen verabschieden. Auf der Fahrt nach Norden erreichen

So dampft der 1861 gebaute »Hjejlen« auf den Himmelsbjerg (im Hintergrund) zu – heute wie seit über hundert Jahren

Sie den Wald von Stenholt, von dem es rechts nach *Klosterlund* geht. In der Nähe, im Grøndalshus, ein *Museum* mit den vorgeschichtlichen Funden der Umgebung. Die beiden anderen Museen an der Strecke (von Torning und Lysgård) haben mehr lokal-literarische Bedeutung. Dagegen ist der Abzweig zum *Hald-See* mit dem 1789 erbauten *Herrenhaus* (jetzt örtliches Kulturzentrum) durchaus lohnend, obwohl nur der Park zugänglich ist. Zu den Ruinen früherer Gebäude können Sie zu Fuß gehen. Aber der landschaftliche Höhepunkt in diesem Gebiet sind die anschließenden Hügel von *Dollerup,* für Geologen ebenso aufschlußreich wie ein Genuß für Naturfreunde. Von hier sind Sie dann rasch in Viborg.

Die Straße, die von Silkeborg aus nach Nordwesten führt, gibt Ihnen Gelegenheit, kleinere Museen und einige Herrenhäuser (wie Avnsbjerg) zu besuchen. Sie ist weniger befahren, und die Landschaft ist nicht weniger abwechslungsreich.

Ursprünglich war *Viborg* einmal die Hauptstadt Jütlands und zugleich eine der ältesten Städte Dänemarks. Bis Anfang des 19. Jahrhunderts tagte hier der Landtag. Schon frühe Siedler erkannten die günstige und schöne Lage. Aus einer ursprünglich heidnischen Opferstätte wuchs im 11. Jahrhundert der Bischofssitz.

Bis vor dreihundert Jahren war Viborg Jütlands größte Stadt, während es heute mit rund 30 000 Einwohnern erheblich ins Hintertreffen geraten ist. Sie müssen sich vorstellen, daß das alte Viborg des 17. Jahrhunderts immerhin mehr als zehn Kirchen, fünf Klöster und Befestigungen besaß. Der Lutherschüler Hans Tausen brachte die Reformation hierher. 1726 wurden erhebliche Teile der Stadt durch Feuer zerstört. Dann kam im 19. Jahrhundert der Niedergang. Andere Städte liefen Viborg den Rang ab.

Beherrscht wird Viborg von seinem *Dom*. Der ursprüngliche Bau entstand 1130 auf den Fundamenten einer früheren Holzkirche. Aber er fiel dem Feuer zum Opfer, so daß Sie heute einen Dom sehen, der nur wenig über 100 Jahre alt ist. Es ist allerdings Europas größte Granitkirche, die sich den Fundamenten der Vorgängerkirche anpaßte. Jedoch hat Viborg mit der *Asmildkirche* ein wahrhaft altes Gotteshaus: im 11. Jahrhundert entstanden. Hierzu gehörte früher das Nonnenkloster Asmild. Die Kirche beherbergt einen *Runenstein* aus dem Jahr 1000 und eine Kanzel von 1625. Beachtlich ist auch die *Søndre Sogns Kirche,* frühere Klosterkirche der Dominikaner, 1227 entstanden und nach Brand 1728 neu erbaut. Vielleicht merken Sie sich, daß Sie den Dom im Sommer zwischen 9 und 17 Uhr besichtigen können, während er sonst gewöhnlich nur bis 15 Uhr offenhält.

Zum Glück haben die Brände einige alte Gebäude verschont. Auf dem Domplatz steht die 1772 erbaute *Kathedralschule*. Das hier gelegene *Alte Rathaus* stammt von 1728. In der Sct. Mathiasgade 88 steht noch ein Fachwerkbau von 1726. Den schönsten Eindruck von alten Häusern gewinnen Sie freilich beim Weg durch die Mogensgade. Die ursprüngliche Burg befand sich in dem Park nordöstlich des Doms.

Viborgs wichtigstes Museum ist das *Stifts-Museum* im alten Rathaus, dessen Sammlungen von Funden aus der Vorzeit bis zu Folklore der letzten Jahrhunderte reichen. Geöffnet von 11 bis 17 Uhr. Ein anderes Museum ist der Künstlerfamilie Skovgaard gewidmet und wird für wechselnde Kunstausstellungen genutzt. Sie finden es in der Nähe des Doms, ganzjährig von 10 bis 17 Uhr geöffnet.

Rings um Viborg begegnen Ihnen eine Reihe von beachtlichen Sehenswürdigkeiten, die Sie möglichst nicht auslassen sollten. Auf der A 13 in nördlicher Richtung stoßen Sie bei *Hvolris*, nahe Bjerregrav, auf ein Ausgrabungsgebiet, in dem sich Siedlungen von der Steinzeit bis zum Mittelalter befinden. Die Freilegung ist noch im Gang. Wenn Sie hier nach Osten abbiegen, gelangen Sie an den *Klejtrup-See*. Mit ihm verbindet sich eine originelle Geschichte: Der am See lebende Søren Poulsen hatte eine Idee, zu deren Verwirklichung ihm jedoch das Geld fehlte. So verließ er seines Vaters Bauernhof am Seeufer, ging nach Amerika und arbeitete dort 20 Jahre als Zimmermann. Nach seiner Rückkehr kaufte er zunächst den Hof seines Vaters – der inzwischen gestorben war – zurück und arbeitete 15 Jahre, um seine Idee nun auszuführen. An das Ufer des Sees und ins Wasser hinein konstruierte er eine Karte der Welt mit ihren Erdteilen und Meeren, die man heute besichtigen und betreten kann. Das Lachen ist den Mitbürgern vergangen, denn die »Verdenskort« (Weltkarte) bringt immer mehr Touristen her, auch wenn Søren Poulsen nicht mehr am Leben ist.

Wenn Sie sich von der Weltkarte aus nach Süden orientieren, an dem Tjele Langsø entlang mit den mächtigen Wäldern dahinter, kommen Sie an den malerischen Gutshof mit Herrenhaus von *Tjele* mit seinem urigen Restaurant im Fachwerkbau. Der Hauptbau entstand um 1585, und der alte Rittersaal kann besichtigt werden. Außerdem besteht Reitgelegenheit.

Wenn Sie von Viborg aus westwärts fahren, stoßen Sie in Ravnstrup auf einen Punkt, der als geographischer Mittelpunkt Jütlands gilt. Anschließend erreichen Sie *Daugbjerg,* dessen Kalkgruben mit einigen niedrigen Gängen besichtigt werden können, die bis 70 Meter tief reichen. Auch das nahe *Mønsted* hat Kalksteingruben, die hoch wie ein Kirchenschiff sind und gleichfalls besichtigt werden. Sie waren übrigens bis 1935 in Betrieb und umfassen 35 lange Gänge in 35 Meter Tiefe. Südwestlich von Viborg erinnert ein großes Kreuz an den 1286 ermordeten König Erik Klipping. Schließlich erreichen Sie über Daugbjerg den *Kongenshus Mindepark,* eine 1200 Hektar umfassende Heidelandschaft, die zur Erinnerung an die Bepflanzung der Heide angelegt wurde. Er ist von 9 bis 18 Uhr zugänglich und schildert in einem kleinen Museum den Kampf gegen die Heide.

Ziemlich genau in der Mitte zwischen Viborg und Randers führt Sie ein Ausflug zum schloßähnlichen Herrenhaus von *Ulstrup* an der Gudenå, das aus dem 16. und 17. Jahrhundert stammt. Der Ostflügel besitzt ein Sandsteinportal von 1622. Der *Schloßpark* ist zu einem Vergnügungspark ausgebaut worden, in dessen Mittelpunkt ein Zoo mit einem *Delfinarium* steht. Für Kinder und Erwachsene gleichermaßen reizvoll und täglich im Sommer von 10 bis 19 Uhr geöffnet.

In Jütland leben – in Jütland reisen

Als ich die Unterlagen für dieses Buch zusammensuchte, las ich auch die Aufzeichnungen, die meine Frau unterwegs gemacht hatte – als Anhaltspunkt für die zahlreichen Einzelheiten, auf die es ankommt. Wieder einmal waren wir – ich weiß gar nicht mehr, zum wievielten Male – durch Jütland gefahren und hatten uns umgeschaut. So waren wir auf dieser Reise auch in Silkeborg.
Es war nicht eben der schönste Tag. Ehrlich gesagt, es goß in Strömen. Wir kamen gerade aus Silkeborgs Kunstmuseum und sahen uns an. Sollten wir bei diesem Wetter überhaupt noch weiterfahren? Ich erinnere mich noch genau, was wir beide dachten. Das hat meine Frau notiert:
»Wir entschließen uns, trotz strömenden Regens bis Sonntag in Jütland zu bleiben«. Sonntag – das war der letzte Tag, den wir uns guten Gewissens noch leisten konnten. Wir blieben also, und es goß den ganzen Tag. Aber am folgenden sah es schon besser aus, und einen Tag später kam tatsächlich die Sonne durch. Wir haben nicht eine Minute bereut, daß wir geblieben waren. Warum ich Ihnen das aufschreibe, als Abschluß des Buches sozusagen?
Weil ich meine, daß Sie Jütland nicht durch die verklärte Brille südlicher Sonne sehen dürfen. Das ist ein Land im Norden mit einem Klima, das Sonne und Regen, Regen und Sonne bescheren kann. Mal dies mehr, mal jenes. Aber das Land, in dem die Jüten leben, bleibt davon unberührt. Es hat seine Landschaften, seine Schlösser und Kirchen, seine Städte und Dörfer bei jedem Wetter. Und denen, die hier leben, ist es just so recht. Die Felder bringen gute Erträge, das Vieh gedeiht, was ja wohl beweist, daß das Klima nicht ungesund ist. Wenn Sie hier reisen – und ich hoffe, Sie lassen sich durch dieses Buch dazu verführen –, werden Sie bald merken, daß Sie gar nicht immer Sonne brauchen, daß Jütland seine Schönheit unter jedem Himmel ins rechte Licht setzen kann.

Glauben Sie aber nur nicht, daß ich Sie damit schonend auf einen nassen Urlaub vorbereiten will. Vermutlich werden Sie weniger Regen haben, als Sie annehmen. Aber ich möchte Sie davor bewahren, daß Sie mit falschen Erwartungen hierher kommen. Wer Tag für Tag unter blauem Himmel baden will, der sollte sich von der Flugreise in den Süden nicht abhalten lassen.

Jütland ist anders. Es ist ein Land mit Charakter und individueller Note. Ein Land mit Kanten und Ecken, mit faszinierender Natur und begeisternder Kultur. Ein Land, in dem es jeden Tag und – falls Sie unterwegs sind – jede Stunde etwas Neues, etwas Überraschendes zu sehen gibt. Ein Land, in dem Ihnen der Tag nicht lang werden wird, das Ihren Augen, Ihrem Geist und – ja, auch das! – Ihrem Magen und Ihrem Herzen vielerlei bescheren wird.

Lassen Sie mich zum Schluß etwas sagen, was Sie mir hoffentlich nicht übelnehmen: Wenn Ihnen Jütland nicht gefallen sollte, wenn Sie sich hier nicht wohl fühlen, dann kann das nur an Ihnen liegen. Gewiß nicht an Jütland.

So also wünsche ich Ihnen eine gute Reise. Leben Sie gut in Jütland, haben Sie eine schöne Zeit, freuen Sie sich an und über Jütland!

Hier finden Sie's wieder

Bitte, beachten Sie auch »Jütland von A bis Z« ab Seite 9.

Abweichend von der dänischen Praxis, bei der å und ø am Ende des Alphabets zu finden sind, stehen hier Ortsnamen mit Å unter Aa und mit Ø unter Oe. Wenn Orte mehrfach erwähnt sind, ist die Hauptbeschreibung **fett** gedruckt.

Abenrå   10 f., 16, 20, 32, 54 ff.
Åbyro   135
Ålbaek   107, **121**
Ålborg   9 ff., 13, 17, 20, 87, 110 ff., **114 ff.**, 126 f.
Århus   9 ff., 13, 19 f., 87, 93 ff., 101 f., 108
Årø und Årøsund   58
Agger   12, **74**
Allingåbro   108
Alnor   49
Als, Insel   32, 48, 50 ff.
Als, Ort   114
Alsen, siehe Als, Insel
Andersen, Hans Christian   7 f., 108
Anholt, Insel   107, **110**
Apenrade, siehe Åbenrå
Aså   120
Askov   **30 f.,** 62
As Vig   92
Augustenborg   53

Baekke   136, **138**
Ballebjerg   101
Ballebro   54
Ballen   101
Bangsbo bei Aalborg   121
Bangsbo auf Laesø   124
Belt, Kleiner   10, 30, 56, 61, 86
Billingland   62
Billund   11, **139**
Bisnap   119
Bjerghuse   73
Blåbjerg   70
Blåvand   19, **69**

Blokhus   12 f., 65, **77 f.**
Blommeskobbel   52
Bønnerup und Bønnerup Strand   12, **107**
Børglum Kloster   **78**, 134
Børsmose   69
Bøvling Klit   73
Borreshoved   49
Bov   31, 136
Bovbjerg Klit   73 f.
Brande   140
Bredebro   35
Bredsten   140
Brejning   89
Broager, Broagerland   49 f.
Brønderslev   20
Brøns   38
Brovst   135
Brunsnaes   50
Bulbjerg   76
Byrum   124

Christiansfeld   17, **59**

Dänisches Fremdenverkehrsamt   12, 18, 21 f.
Danzigmand   124
Daugårdstrand   90
Daugbjerg   147
Dejbjerg   72
Djursland   **101 ff.,** 120
Dokkedal   114
Dronninglund   118
Düppel, siehe unter Dybbøl
Dybbøl   31 f., **50**
Dynt   49

Ebeltoft   20, **103 ff.**

151

Egense 114
Egernsund 49 f.
Ejer Bavnehøj 9, **93**
Ejstrup Strand 77
Engelsholm 140
Ertebølle 128
Esbjerg 9 ff., 13, 20, 23, 30, **42 ff.**, 60, 62, 68, 71, 76, 86

Fakkegrav 90
Fanø, Insel 11 ff., 17 ff., 20, 39, 41 f., **44 ff.**, 63, 65
Feggeklit 132
Femmøller 106
Fiskebaek 128
Fjellerup 107
Fjerritslev 19, 76 f., 135
Fredericia 19, 43, **88 f.**
Frederikshavn 10 f., 13, 17, 82, 118, **120 f.**
Fur, Insel 129
Fynshav 51, 53

Gallehus 35
Gammel Estrup 108
Gammelgab 49
Gammel Skagen 12, 66, **85**
Gerå 120
Gisvkud 140
Gjellerup 142
Gjern 144
Gjerrild 107
Gjøl 135
Glud 92
Glyngøre 129
Gråsten 16, **49**
Graerup Strand 69
Gram 58 f.
Gravenstein, siehe Gråsten
Grejsdal 92
Grenå **106 ff.**, 120
Gudenå 10, 14, 92, 108, 144

Hadersleben, siehe Haderslev
Haderslev 10, 16, 56 ff.
Hadsund **111,** 114
Hald-See 145

Hals 114, 119
Hammelev 58
Hanklit 132
Hanstholm **75 f.,** 86
Havhuse 107
Havneby 35 f.
Hejlsminde 58
Henne, Hennestrand 12, 19, **69 f.**
Herning 11, 20, 90, 140, **142**
Hessel 128
Himmelbjerg 143 f.
Hirtshals 12, 17, **80 ff.,** 86
Hjarbaek 128
Hjerl Hede 8, 24, **129 f.**
Hjørring 80
Hobro 110 f.
Hørning 93
Højer 34 f.
Holmsland Klit 19, **70,** 73
Holstebro 11, 20, **130**
Horsens 9, **92 f.**
Hou 119
Houstrup Strand 19, **70**
Hov **94,** 98, 100
Hovvig 73
Hulsig 82, **121**
Humlum **131,** 134
Hurup 134
Husby 73
Hvalpsund 128
Hvidbjerg 89
Hvide Sande **70 f.,** 76, 86
Hvidsten 111
Hvolris 147

Issehoved 101

Jammerbucht 19, 66, **76 ff.,** 80
Jelling 90 f.
Jels 11, **59**
Jesperhus Blumenpark 132
Juelsminde **90,** 92
Julsø 144
Jylland Tours 14, 18, 25

152

Kalø 102
Kandestederne 78 f., **81 f.,** 85
Karupå 11, 14
Kattegat 82, **86,** 92, 98, 107, 121
Kegnaes 51
Kjulstrand 81
Klejtrup 147
Klim 77
Klitmøller 75
Klosterhede 74, **131**
Klosterlund 145
Knivsbjerg 50
Kolby Kaas 100
Kolding 9 ff., 12, 20, 30, 43, **60 ff.,** 88 f.
Kollund 11, **48 f.**
Konge Å 62
Kongenshus Mindepark 148
Kruså 31, 48, 54, 136
Kysing Strand 19, **94**

Laeborg 138
Laesø, Insel 17, 24, 120 ff.
Lakolk 35 f.
Legind-Bjerge 132
Legoland 139 ff.
Lemvig 12, 73, **131**
Lild-Strand 76
Limfjord 10, 23, 62, 77, 110, 114, 117, **125–135**
Lindskov 35
Lodbjerg (Kirche) 75
Løgstør 127 f.
Løgumkloster 54 f.
Løkken 12 f., 19, 65, **77 f.**
Lønstrup 80
Lyngby 19, **75**
Lyngså 120

Malling 94
Mandø, Insel 38 f.
Mariager, Mariager-Fjord 10, **110**
Mariendal 94
Møgeltønder 33 ff.
Mønsted 147

Moesgård **94,** 98
Mols, Mols-Berge 19, **102 ff.**
Mommark 51 f.
Mors, Insel 126, 128, **131 ff.**
Morupmølle 75
Mossø 10, **144**
Munkelbjerg 89

Nibe 127
Nissum Fjord 73, 131, 134
Nørlev 80
Nørre Lyngby 77 ff.
Nørre Lyngvig 71
Nørreskov 51, **53**
Nørre-Snede 143
Nørresundby **117 ff.,** 135
Nordborg 53
Nordby auf Fanø 46 ff.
Nordby auf Samsø 101
Norsminde 93 f.
Nyköbing/Mors 131 f.
Nymindegab 69 ff.

Odder 93 f.
Øm, Kloster 144
Ørslevkloster 128
Øsløs 135
Østerby 101
Østerby auf Laesø 124
Øster-Hurup 114
Østerløgum 54
Østerild 134 f.
Oldenor 53

Pårup 142, 144
Padborg 31

Råbjerg Mile 81
Ramme 74
Randers 9, 11, 20, 101, **107 ff.,** 148
Randersfjord 10
Ravnstrup 147
Rebild-Nationalpark 112 ff.
Rens 31
Ribe 30 f., 34, **38 ff.,** 41 ff.
Ringkøbing und Ringkøbing-Fjord 9 ff., **70 ff.**

153

Rinkenaes 49
Rødding 30 f., **59**
Rødekro 54, 136
Rødhus 77
Rømø, Insel 11, 13, 19, **35 ff.**, 63, 65
Rold Skov 9, **112 f.**
Rosenholm, Schloß 102
Rubjerg 80
Rudbøl 31
Rude 94
Ry 143 f.
Ryebro 144

Saeby 118, **120**
Saed 31
Saelvig 100
Sahl 130
Saksild 94
Sallingsund 129, 131
Samsø, Insel 11, 17, 98 ff.
Samvirkende Jydske Turistforeningen 8, 12, 115
Silkeborg 11, 20, 25, 93, 136, **142 ff.**, 149
Skaerbaek **35,** 38
Skagen 10, 19 f., 30, **81 ff.,** 86
Skagerrak 17, 80, **82 f.**
Skallingen 69
Skamlingsbanken 60
Skanderborg 10 f., **93**
Skarreklit 76
Skive **129,** 131
Skjern und Skjern Å 11, 14, 20, **72,** 92
Skørping 112
Skovby 52
Skovgårde 107
Skovmose 51
Skydstrup 58 f.
Slettestrand 77
Snaptun 92
Sønderborg 11, 16, 32, **50 ff.**
Sønderhav 49
Sønderho 46 ff.
Sønderholm 127
Søndervig 12, **71 f.**

Søttrup 11
Sonderburg, siehe Sønderborg
Stadilfjord 10, **72**
Stenbjerg 75
Storå 11
Stouby 12
Struer **130,** 134
Svenstrup 53
Svinkløv 77

Tannisbucht 66, **80 f.**
Tannisby 81
Thisted 10 f., 131, **134**
Thorsager 102
Thyborøn 74, **125,** 131
Tingbaek-Kalkgrube 114
Tinglev 20
Tipperne 70
Tjele 147
Tønder 10 f., 16, **32 ff.,** 38, 54
Toftum 36
Toftum Bjerge 131
Tondern siehe Tønder
Tornby 80
Torsminde 73
Torup 77
Tranebjerg 100 f.
Tranum Strand 12, **77**
Trelde Naes 19, **89**
Trend 128
Tunø, Insel 94
Tvorup 75

Ubjerg 31
Uggeby 81
Ulfborg 73
Ulstrup 148
Urnehoved 54

Varde und Varde Å 11, **68 f.,** 70
Vedersø, Vedersø Klit 71, **73**
Vejen 31, 43, **62,** 136, 138
Vejers, Vejersstrand 62, **69**
Vejlby 62
Vejle 11, 20, 25, 62, **89 f.,** 136, 140, 142

Vemmingbund 50
Venø, Insel 130
Vesterhavsbad 48
Vesterø Havn 124
Vestervig 75
Viborg 10, 27, 122, 136, 138, 142, **146 f.**
Vigsø 76
Vitskøl 128

Voerså 118 f.
Vojens **58,** 62, 136, 138
Vorbasse 139
Vorupør (auch Nørre- und Sønder-) 75
Vust 77

Ydby-Heide 134
Yding Skovhøj 93

> **»Gleich, ob das Reiseziel in Deutschland, Europa oder Übersee liegt – LN-TOURISTIKFÜHRER sind gut angelegte Urlaubsgroschen!«**
>
> SENDER FREIES BERLIN

DÄNEMARK
- 9 **Kopenhagen** kennen und lieben
- 10 **Bornholm** kennen und lieben
- 11 **Jütland** kennen und lieben
- 30 **Dänische Inseln** kennen und lieben

DEUTSCHLAND
- 1 Parken und Wandern **im schönen Holstein**
- 4 **Holsteinische Schweiz** kennen und lieben
- 5 **Lübecker Bucht** kennen und lieben
- 7 Naturpark **Lauenburgische Seen**
- 8 **Lübeck** kennen und lieben
- 12 **Sylt** kennen und lieben
- 26 **Berlin** kennen und lieben
- 35 **München** kennen und lieben
- 45 **Ostfriesland** kennen und lieben
- 46 Parken und Wandern **an der Westküste Schleswig-Holsteins**
- 55 **Bodensee** kennen und lieben
- 68 **Harz** kennen und lieben
- 73 **Lüneburger Heide** kennen und lieben

FINNLAND
- 43 **Finnland** kennen und lieben (Süd- und Mittelfinnland)
- 61 **Land der Mitternachtssonne** kennen und lieben (Nordfinnland, Nordnorwegen, Nordschweden)

FRANKREICH
- 27 **Paris** kennen und lieben
- 40 **Provence und Camargue** kennen und lieben
- 64 **Bretagne** kennen und lieben
- 67 **Elsaß** kennen und lieben

GRIECHENLAND
- 17 **Rhodos** kennen und lieben
- 49 **Athen und das griechische Festland** kennen und lieben
- 50 **Griechische Inseln** kennen und lieben

GROSSBRITANNIEN
- 14 **London** kennen und lieben
- 58 **Südengland und die Kanalinseln** kennen und lieben
- 69 **Schottland** kennen und lieben

IRLAND
- 60 **Irland** kennen und lieben

ISLAND
- 41 **Island** kennen und lieben

ISRAEL
- 62 **Israel** kennen und lieben

ITALIEN
- 18 **Ischia** kennen und lieben
- 29 **Rom** kennen und lieben
- 52 **Sizilien** kennen und lieben
- 53 **Golf von Neapel** kennen und lieben

65 **Sardinien** kennen und lieben
70 **Florenz und die Toskana** kennen und lieben

JUGOSLAWIEN
57 **Jugoslawische Küste** kennen und lieben

KANADA
59 **Kanada** kennen und lieben

MALTA
38 **Malta** kennen und lieben

MAROKKO
37 **Marokko** kennen und lieben

MEXIKO
71 **Mexiko** kennen und lieben

NIEDERLANDE
44 **Amsterdam** kennen und lieben

NORWEGEN
31 **Norwegen** kennen und lieben (Süd- und Mittelnorwegen)
61 **Land der Mitternachtssonne** kennen und lieben (Nordfinnland, Nordnorwegen, Nordschweden)

ÖSTERREICH
28 **Wien** kennen und lieben
72 **Kärnten** kennen und lieben

OSTAFRIKA
25 **Ostafrika** kennen und lieben

POLEN
54 **Besuch in Polen**

PORTUGAL
20 **Algarve** kennen und lieben
47 **Madeira** kennen und lieben

SCHWEDEN
42 **Schweden** kennen und lieben (Süd- und Mittelschweden)
61 **Land der Mitternachtsonne** kennen und lieben (Nordfinnland, Nordnorwegen, Nordschweden)

SPANIEN
15 **Teneriffa** kennen und lieben
16 **Costa del Sol** kennen und lieben
21 **Ibiza** kennnen und lieben
22 **Mallorca** kennen und lieben
23 **Gran Canaria** kennen und lieben

SÜDAFRIKA
48 **Südafrika** kennen und lieben

TSCHECHOSLOWAKEI
56 **Prag** kennen und lieben

TÜRKEI
66 **Istanbul** kennen und lieben

TUNESIEN
19 **Tunesien** kennen und lieben

UdSSR
63 **Moskau und Leningrad** kennen und lieben

UNGARN
51 **Budapest** kennen und lieben

USA
36 **USA** kennen und lieben

LN-TOURISTIKFÜHRER

sind mit vielen Fotos und Kartenskizzen ausgestattet und haben praktisches Taschenformat

In allen Buchhandlungen erhältlich

LN-VERLAG LÜBECK

LN-Touristikführer für den Urlaub in Dänemark

LN 9
Kopenhagen kennen und lieben
Ein Begleiter durch die Hauptstadt
Dänemarks und ihre Umgebung

LN 10
Bornholm kennen und lieben
Die vielen Gesichter einer Ferieninsel

LN 11
Jütland kennen und lieben
Das dänische Festland — neu entdeckt

LN 30
Dänische Inseln kennen und lieben
Mön, Lolland-Falster,
Langeland, Ärö, Fünen, Seeland

★ Überall im Buchhandel ★

LN-Verlag Lübeck

Das Bilderbuch der Märcheninsel Bornholm

als Erinnerung an erlebnisreiche, bezaubernde Ferientage. Bernt Federau malte mit der Kamera eine Fülle bestechender Bilder der Inselschönen inmitten der Ostsee. Eine Einführung sowie Stichworte zur Geschichte und Geographie ergänzen den eindrucksvollen großformatigen Bildband, dessen 136 Seiten die Vielfalt eines Bornholm-Urlaubs widerspiegeln.

BORNHOLM. Bilderbuch einer Märcheninsel. 96 Farbfotos und 58 Schwarzweiß-Aufnahmen von Bernt Federau. Mit Urlaubserinnerungen von Ulrich Schmidt. 136 Seiten. Eine Karte. Format 20,5 x 21,5 cm. Gebunden, farbiger Schutzumschlag.

Überall im Buchhandel

LN-Verlag Lübeck

LØVEPARKEN ZOO GIVSKUD

Kommen Sie nach. »LØVEPARKEN« und geniessen Sie eine Tierwelt mit Löwen, Affen und vielen anderen Tieren in freier Umgebung.
»LØVEPARKEN« liegt an der Reichsstrasse 18 zwischen Vejle und Brande. – Direkt Verbindung von der Hauptstrasse 10 (E3) in Vejle – ungefähr 100 km von Bundesgrenze.

Willkommen im
»LØVEPARKEN«
Telefon (05) 73 02 22

Wer das Munkebjerg-Hotel besucht hat, hat das Dänemark von heute erlebt. Nie zuvor ist dem weitgereisten Besucher eine solch ideale Komposition von funktionsgerechter Moderne und beglückender Romantik begegnet.

Weitab vom Lärm der Städte, inmitten Dänemarks schönstem Naturgebiet, in der wohltuenden Umgebung von Wäldern, Hügeln und Wasser wurden die edelsten Werkstoffe, Steine, Holz und Leder, von genialer Hand zu einem Hotel der internationalen Spitzenklasse geformt.

228 Betten, Golf, Tennisbahn, Hallenbad, Sauna, Solarium und Billard.

MUNKEBJERG HOTEL
DK-7100 Vejle, Danmark · Telex 61 103
Fernsprecher: 00 45-5-82 7500